Heinz Barüske · Hans Christian Andersen in Berlin
Im Spiegel der Zeit

Band 3

Heinz Barüske

HANS CHRISTIAN ANDERSEN IN BERLIN

hendrik Bäßler verlag · berlin

Abbildungen 1. Umschlagseite: Hans Christian Andersen,
Gemälde von C. A. Jensen. Foto: *Odense Bys Museer, Odense*
Das Diorama der Gebrüder Gropius in der Georgenstraße,
um 1835. Foto: *Landesbildstelle Berlin*
Abbildung 4. Umschlagseite: Andersens Reisegepäck.
Foto: *Odense Bys Museer, Odense*
Abbildung Seite 3: Preußischer Adler,
Zeichnung: Hans Christian Andersen

Die Deutsche Bibliothek – CIP-Einheitsaufnahme

Barüske, Heinz:
Hans Christian Andersen in Berlin / Heinz Barüske. – Berlin :
Bäßler, 1999
ISBN 3-930388-18-9

© 1999 by hendrik Bäßler verlag · berlin
1. Auflage 1999

Gesetzt aus Stpl. Garamond und Futura
Umschlaggestaltung: Roland Beier, Berlin
Satz: Hendrik Bäßler, Berlin
Reproduktionen: Datec GmbH, Berlin
Druck: H. & H. Russ, Berlin
ISBN 3-930388-18-9

INHALT

ÜBER DEN AUTOR

Der Berliner Skandinavist Prof. Heinz Barüske, gebürtiger Pommer (Kolberg/Neustettin), hat ein Gesamtwerk aufzuweisen, das sich aus Sachbüchern, Anthologien, Herausgaben, Übersetzungen und einer Reihe wissenschaftlicher Abhandlungen und Essays zusammensetzt. Von seinen etwa 30 Buchpublikationen, von denen auch einige in Ungarn, den Niederlanden und in Japan erschienen, seien hier nur genannt seine skandinavische Literaturgeschichte »Die Nordischen Literaturen«, »Aus Andersens Tagebüchern«, »Die Wikinger und ihre Erben«, »Märchen der Eskimo«, drei Grönlandbücher und das 1997 erschienene über 300 Seiten starke Werk »Erich von Pommern – Ein nordischer König aus dem Greifengeschlecht«.

Heinz Barüske erhielt für seine kulturvermittelnde Arbeit mehrfach Auszeichnungen. So u. a. den Studienpreis der Europäischen Autorenvereinigung DIE KOGGE, das Ritterkreuz des Ordens vom Isländischen Falken, das Ritterkreuz Ersten Grades des dänischen Dannebrogordens und das Bundesverdienstkreuz.

Prof. Barüske, der viele Reisen in den skandinavischen Ländern, auf den Färöern und Island sowie in Grönland unternommen hat, wurde als erster Deutscher zum Korrespondierenden Mitglied von Dansk Forfatterforeningen, dem größten skandinavischen Autorenverband, ernannt.

VORWORT

Die Berlin-Besuche des dänischen Dichters Hans Christian Andersen fielen in einen Zeitraum des 19. Jahrhunderts, in dem die preußische Hauptstadt zum begehrten Ziel vieler skandinavischer Schriftsteller, Künstler und Wissenschaftler geworden war. Berlin hatte nach der Gründung seiner Universität im Jahr 1810 viele bedeutende Wissenschaftler versammelt, die dort Lehrstühle einnahmen. Sie waren dem Ruf nach Berlin gefolgt; denn die neue Lehrstätte – die auf Anregung Wilhelm von Humboldts von König Friedrich Wilhelm III. gestiftet war – sollte sich als neuhumanistische Reformuniversität etablieren. Und das war in Deutschland mit seinen im Mittelalter gegründeten Universitäten neu.

Viele bekannte Wissenschaftler kamen also nach Berlin, unter den ersten waren Fichte und Schleiermacher, 1818 kamen Hegel und August W. Schlegel, und ab 1832 lehrte der Norweger Henrich Steffens an der Berliner Universität. Steffens hatte sich bereits vor Jahrzehnten in Deutschland niedergelassen und war 1802 nach Kopenhagen gereist, um dort Vorlesungen zu halten. Es war die Schellingsche Jenaer Frühromantik, die er nach Kopenhagen brachte und damit die skandinavische Romantik – in Dänemark das »Goldene Zeitalter« (dän. *Guldalderen*) genannt – auslöste. Damals war der junge dänische Student Adam Oehlenschläger sein gelehrigster Schüler gewesen, der ihn im Anschluß an seine Vorlesungen privat aufsuchte und nach langen Diskussionen das berühmte Gedicht »Die Goldhörner« (dän. *Guldhornene*) schrieb, womit gleichsam die dänische Romantik eingeleitet wurde.

Der Philosoph Friedrich Wilhelm Joseph von Schelling war 1840 dem Ruf von Friedrich Wilhelm IV. an die Berliner Universität gefolgt, was den jungen Dänen Søren Kierkegaard, der gerade sein Magisterexamen gemacht hatte, veranlaßte, sich 1841/42 dort immatrikulieren zu lassen. Schellings erste Vorlesung hatte er versäumt, nach der zweiten notierte er jedoch überschwenglich in sein Tagebuch: »Ich bin so froh, daß ich Schellings zweite Vorlesung gehört habe – unbegreiflich!« Später sollte er aber seine Meinung ändern. Vielleicht hatten die Ideen des Naturphilosophen auf Kierkegaards stark hegelianisch geprägtes Denken zu unscharf gewirkt. Jedenfalls reiste er am 6. März 1842 wieder in seine Heimatstadt Kopenhagen, besuchte Berlin aber später noch dreimal.

Ein Jahr bevor er zum letztenmal nach Berlin kam, wo ihn auch immer das Stadtbild interessierte, und er einmal den

Gendarmenmarkt als den schönsten Platz Europas bezeichnete, war ein anderer Däne hier, jener Dichter, dem Steffens gleichsam als erstem die deutschen romantischen Ideen erfolgreich vermittelt hatte: Adam Oehlenschläger. Ihn hatte Friedrich Wilhelm IV. nach Potsdam eingeladen, wo er dem König und dessen Gemahlin seine Tragödie *Dina* vorlas. Den König hatte die Lesung so begeistert, daß er Oehlenschläger spontan den Orden Pour le mérite für Wissenschaften und Künste verlieh. Dies war die höchste Kulturauszeichnung, die man im damaligen Preußen bekommen konnte – sie ist es auch heute noch in der Bundesrepublik Deutschland. Den Orden hatte Friedrich Wilhelm IV. 1842 gestiftet. In diesem Jahr waren bereits die Dänen Hans Christian Ørsted und Bertel Thorvaldsen in den Orden aufgenommen worden.

Beide hatten enge Beziehungen zu Berlin. Der berühmte Physiker Ørsted war bereits 1812 in Berlin gewesen und hatte dort sein Werk *Ansicht der Chemischen Naturgesetze* verfaßt. Aber das war nicht sein erster Aufenthalt in Berlin. Während einer großen Auslandsreise in den Jahren 1801–1804 wohnte er allein sechs Monate in der preußischen Hauptstadt. Auch während seiner dritten großen Auslandsreise besuchte er wieder Berlin. Sie fand in den Jahren 1822–1823 statt. 1823 wurde er zum Mitglied der Gesellschaft Naturforschender Freunde zu Berlin ernannt. Daher war es gerade richtig, daß Andersen ein Empfehlungsschreiben von Ørsted an dessen Freund Chamisso bei seinem ersten Berlin-Besuch in der Tasche hatte. Wie hätte er sich dort wohl sonst zurechtfinden sollen; denn Berlin war zu jener Zeit viermal so groß wie Kopenhagen. Schließlich sollte Andersen ja dort eine Persönlichkeit kennenlernen, die seine Arbeiten objektiv beurteilen konnte. Dafür, so meinte Ørsted, war sein Freund Chamisso der richtige Mann. Und er sollte damit recht behalten.

Es waren aber nicht nur Wissenschaftler und Schriftsteller, die Berlin aufsuchten. Bereits 1820 war der dänische Bildhauer Bertel Thorvaldsen dort. Er hatte auf seiner Reise nach Warschau in Berlin Zwischenstation gemacht, um dort seinen Freund Christian Daniel Rauch zu besuchen, der schon damals einer der berühmten deutschen Bildhauer war. Thorvaldsen benutzte den achttägigen Aufenthalt in Preußens Hauptstadt dazu, zusammen mit Rauch und anderen Freunden die Berliner Ausstellungen, Antikensammlungen und weitere Kulturstätten zu besichtigen.

Auch in der zweiten Hälfte des 19. Jahrhunderts kamen immer wieder Schriftsteller und Künstler aus dem Norden nach Berlin. Von diesen seien hier nur einige genannt. So lebte der dänische Literaturkritiker Georg Brandes, der die dänische Literatur maßgeblich in neue Bahnen gelenkt hatte, bis 1882 fünf Jahre in Berlin. Er faßte seine Beobachtungen und Meinungen später in seinem 566 Seiten starken Werk *Berlin som tysk Rigshovedstad* (Berlin als deutsche Reichshauptstadt, 1885) kritisch zusammen. Aus Preußens Hauptstadt war ja seit 1871 Deutschlands Hauptstadt geworden. Dieses Werk erschien 1989 in der Reihe *Wissenschaft und Stadt. Publikationen der Freien Universität Berlin aus Anlaß der 750-Jahr-Feier Berlins* in deutscher Übersetzung. Herausgegeben wurde es von dem damals an der Freien Universität lehrenden dänischen Skandinavisten Erik M. Christensen und dem Historiker Hans-Dietrich Loock.

Die Tätigkeit skandinavischer Literaten in Berlin war übrigens in jener Zeit in einem besonderen Fall unerwünscht. Das betraf den dänischen Schriftsteller Herman Bang, einen der bedeutenden Vertreter des Impressionismus in der dänischen Literatur. Er arbeitete damals in Berlin für das *Berliner Tageblatt* und wurde 1886 von einem Tag zum anderen aus Berlin verwiesen. Der Grund: man hatte in der norwegischen Zeitung *Bergens Tidende* einen Artikel von ihm entdeckt, der einige ehrenrührigen Äußerungen über das deutsche Kaiserhaus enthielt. Herman Bang fand sofort Aufnahme in Meiningen, wo er aber nicht lange blieb. Geblieben war jedoch seine Liebe zu Berlin, was in seinen Briefen an seinen Freund Peter Nansen zum Ausdruck kommt. So heißt es beispielsweise in einem Brief vom 23. Januar 1886 u. a.: »Du fragst, ob ich Berlin-närrisch bin? Ja! Diese Stadt, die mir nicht eine einzige glückliche Stunde geschenkt hat, ist die Hauptstadt der Welt, und dorthin muß man seine Arbeit verlegen.«

Es waren aber nicht nur Dänen, die Berlin besuchten oder sich dort zeitweise niederließen. Einer der bekanntesten schwedischen Dichter, Johan August Strindberg, war am 1. Oktober 1892 in Berlin eingetroffen, wo seine Theaterstücke »Der Vater« und »Fräulein Julie« im Rahmen der Freien Bühne unter Leitung von Otto Brahm bereits 1890 und im April 1892 zur Aufführung gekommen waren. Übrigens viele Jahre bevor »Fräulein Julie« in Schweden auf die Bühne kam.

In Berlin hatte sich 1890 ein Freund von Strindberg, der schwedische Schriftsteller Ola Hansson, niedergelassen.

Strindberg entdeckte bald, daß nicht weit von seiner Wohnung in der Neuen Wilhelmstraße ein Restaurant lag: Gustav Türkes Weinhandlung und Probierstube. Diese Gaststätte wurde zu Strindbergs Stammlokal, dem er wegen eines dunklen, über der Tür hängenden Weinschlauchs, den Namen »Zum schwarzen Ferkel« gab. Dieses Lokal ging bald in die Literaturgeschichte ein, sowie in die Geschichte der deutsch-skandinavischen kulturellen Wechselbeziehungen. Es dauerte nämlich gar nicht lange, bis das an der Ecke Neue Wilhelmstraße/Unter den Linden liegende Restaurant zum Treffpunkt vieler skandinavischer Schriftsteller und Künstler wurde, die dort auch mit deutschen Kollegen zusammenkamen.

Von diesen skandinavischen Schriftstellern und Künstlern seien hier nur genannt: der norwegische Dramatiker Gunnar Heiberg, der dänische Dichter Holger Drachmann, der norwegische Maler Christian Krogh, jedoch vor allem Edvard Munch, der längere Zeit in Berlin seßhaft wurde.

Aber auch Berliner Verleger zeugen von den äußerst erfolgreichen Wechselbeziehungen zwischen Berlin und dem Norden. Bereits 1851 gab der Berliner Verleger Georg Andreas Reimer die erste brauchbare Grammatik der eskimoischen Sprache heraus, die der in Grönland lebende ehemalige Herrnhuter Missionar Samuel Kleinschmidt verfaßt hatte. Genannt werden muß in diesem Zusammenhang auch der Berliner Verleger M. Simion. Er gab Märchen von Andersen heraus, die in der Übersetzung von Julius Reuscher auf den deutschen Buchmarkt kamen.

Einen Höhepunkt in der Vermittlung skandinavischer Literatur in die weite Welt erreichte der Verleger Samuel Fischer mit der Gründung seines Verlages in Berlin im Jahr 1886. Es waren moderne skandinavische Autoren, die er herauszugeben begann, und deren Werke, zum Teil in mehrere Sprachen übersetzt, auch im Ausland erschienen. Es ist anzunehmen, daß viele dieser Werke nach den deutschen Ausgaben übertragen wurden. Darauf machte auch der dänische Arbeiterdichter Martin Andersen Nexø in einem Vortrag, der am 20. Dezember 1914 in der Kopenhagener Zeitung Social-Demokraten erschien, aufmerksam. Darin heißt es u. a.: »In seiner verbreiteten Sprache hat der Deutsche bereitwillig auch unseren Beitrag zum Geistesleben in die Welt hinausgetragen.«

Das trifft auch besonders auf Hans Christian Andersen zu. Daß sein Weltruhm aber immer noch zum großen Teil lebendig geblieben ist, liegt auch an der Vielfalt seines dichterischen Schaffens. Darin bilden seine Märchen natürlich den Kern. Aber Andersens Berühmtheit außerhalb der Grenzen seines Vaterlandes begann zuerst mit seinen Romanen. Der bedeutende dänische Literaturhistoriker F. J. Billeskov Jansen (geb. 1907) drückte das einmal so aus: »Der Märchendichter Hans Christian Andersen hat bisher dreifachen internationalen Ruhm errungen ... Seinen künstlerischen Durchbruch erlebte er 1835, sowohl mit seinem ersten Roman dem *Improvisator*, als auch mit den *Märchen für Kinder*. Der Roman machte ihn nicht nur in Dänemark, sondern auch in Deutschland und darüber hinaus berühmt. Zwei Jahre später erschien ein Roman *Nur ein Geiger*, der im Ausland noch größere Begeisterung erregte. Als Romancier also gewann Andersen erstmalig europäischen Ruhm…« Billeskov Jansen weist dann auf die Märchen hin und schreibt, daß sich Andersen damit erst im Lauf der vierziger Jahre durchsetzte.« Und Andersens dritter Ruhm traf ein, als man im Ausland den Blick für seine hervorragende Reisejournalistik gewann.«

Schließlich weist Billeskov Jansen auf Andersens Tagebücher hin, die zum Zeitpunkt dieser Abhandlung noch nicht erscheinen konnten, dem Autor aber bereits bekannt waren. Und er schreibt in diesem Zusammenhang von einem »vierten Ruhm, den die Welt noch zugute hat.«[1]

Andersens Weltberühmtheit aber hätte sich wohl kaum so entfalten können, wenn nicht die Möglichkeit bestanden hätte, seinen Werken die Tore zum Ausland zu öffnen. Und auch darauf kann man die oben zitierte Feststellung des dänischen Arbeiterdichters Martin Andersen Nexø beziehen. Der Grundstein dafür aber wurde in Preußens Hauptstadt Berlin, Deutschlands Kulturhauptstadt, gelegt.

ER BEKAM DEN NAMEN
HANS CHRISTIAN

Er war der oberste Gott im alten vorchristlichen Norden. Odin, der Götterfürst. Er konnte Siege schenken und Wohlergehen, Dichtkunst und Weisheit. Und er war auch ein Gott der Fruchtbarkeit. Sein Hochsitz Hlidskjálf stand in Walhall, wo er mit seiner Gemahlin Frigg und ihrem Sohn Baldur residierte. Verließ er den Götterhimmel, schwang er sich auf sein Roß Sleipnir und ritt in die Weite. Und dabei ließ er sich von den Geschehnissen in der Welt von seinen beiden Raben Hugin und Munin unterrichten, die ihm auf den Schultern saßen. Viele Opfer- und Kultstätten gab es für ihn in jener Zeit im alten Norden. Noch heute künden Orts- und Flurnamen von ihnen. So auch einer auf Dänemarks zweitgrößter Insel Fünen, wo die größte Stadt ihren Namen von einer solchen Kultstätte bekam: Odense.

In dieser geschichtsträchtigen Stadt, in der bereits 988 eine Münzprägestätte stand, die bald unter der Herrschaft von Knud dem Großen (reg. 1018–1035) Münzen in Umlauf brachte, und wo schon 1020 ein Bischofssitz gegründet wurde, kam zu Be-

Der Überlieferung nach das Geburtshaus
Hans Christian Andersens in Odense.
Nach einer Zeichnung von
Hans-Christian Barüske

ginn des 19. Jahrhunderts ein Kind zur Welt, ein Junge, der sich
in erstaunlich frühem Alter für das Theater seiner Heimatstadt
interessierte, in dem es hin und wieder Stücke in deutscher Sprache gab, die er sich ansah. Kam der Kleine nach einem solchen
Theaterbesuch nach Hause, holte er gleich seine Puppen hervor
und begann mit ihnen Komödien zu spielen. In seiner späteren
großen Autobiographie *Das Märchen meines Lebens* schreibt er
darüber u. a. folgendes: »Ich spielte mit meinen Puppen, führte
Komödien auf, und immer auf Deutsch; denn das konnte ich
nur in dieser Sprache. Aber mein Deutsch war ein Kauder-
welsch, das ich selbst erfunden hatte . . .«[2]

Doch beim Komödienspielen sollte es nicht bleiben. Während
seiner Schulzeit hatte er sich ein Poesiealbum zugelegt; mehr als
zwei Drittel der darin aufgeschriebenen Texte waren von deutschen Dichtern. Besonders hatten es ihm E. T. A. Hoffmann
und Heinrich Heine angetan.

Hans Christian Andersen, denn von ihm ist hier die Rede,
war am 2. April 1805 als Sohn eines 25jährigen armen Schusters

und einer 40jährigen Dienstfrau in Odense geboren worden. Nach dem Besuch einer jüdischen Privatschule – Andersens Eltern waren nicht mosaischen Glaubens – und einer Armenschule, reiste er nach seiner Konfirmation nach Kopenhagen, um dort am Königlichen Theater Schauspieler zu werden, was jedoch mißlang.

Mehrere Jahre später besucht er die Lateinschulen in Slagelse und Helsingør und schließlich die Kopenhagener Universität. Das verdankte er seinem großen Förderer, dem jüdischen Direktor des Königlichen Theaters und Konferenzrat Jonas Collin (1776–1861). Im Jahr 1829 schloß er sein Studium mit dem Examen philologicum et philosophicum (dän. cand. phil.) ab und konnte sich dann voll und ganz seiner literarischen Arbeit widmen. Denn das war ihm schon seit seiner frühen Jugend bewußt: er wollte ein Dichter werden, ein berühmter Dichter.

Schon während seiner Studienzeit hatte er an eine Deutschland-Reise gedacht, die er nach seinem Examen machen wollte. Zuvor aber wollte er sein eigenes Land kennenlernen. Und so reiste er 1830 nach Jütland. Aber auch auf seiner Heimatinsel Fünen hatte er ein Anliegen. Er wollte seinen Konabiturienten Christian Voigt und dessen Familie in Faaborg besuchen. Dort lernte er Christians Schwester Riborg kennen und verliebte sich in sie. Aus dieser Zeit stammen Andersens Gedichte »Zwei braune Augen ich kürzlich sah« und »Du mein Gedanke«, das später Edvard Grieg vertonte. Aus dieser großen Liebe wurde zu Andersens großem Leidwesen nichts. Riborg war damals bereits so gut wie verlobt, was Andersen erst später erfuhr. Vermutlich hatte sie ihm in gewisser Weise sogar Hoffnung gemacht; denn der junge Dichter hatte auf das junge Mädchen – sie war damals ungefähr 24 Jahre alt – bestimmt Eindruck gemacht.

Dieses erste große Liebeserlebnis brachte ihn in tiefe Verzweiflung. Und als er wieder in Kopenhagen war, konnte er sich zuerst gar nicht mehr auf seine Arbeit konzentrieren. Riborg ging ihm nicht aus dem Sinn. So heftig hatte es ihn gepackt, daß er seine Schriftstellerei aufgeben und Pastor werden wollte. Noch ein Jahr nach diesem Erlebnis schrieb er an seinen väterlichen Freund, den Dichter Bernhard Severin Ingemann (1789–1862): »Ich begegnete ihr letzten Sommer zum erstenmal ... Ich war nur drei Tage dort im Haus. Und als ich hörte, daß sie verlobt sei, reiste ich sogleich ab ... Aber hier in Kopenhagen sind wir wieder zusammengetroffen ... Ich bekomme sie nie wieder zu sehen, ich kann nicht, ich darf nicht! Jedoch hab ich einen Trost, ihren Bruder hab ich gewonnen. Er weiß alles und fühlt und leidet mit uns ... Durch ihn kann ich doch von ihr hören ... Sie darf und will nicht mehr mit mir sprechen, muß ihre Pflicht erfüllen ... Sie ist so schön, so fromm und gut. Sie würden sie auch lieben ... Ich weiß, ihr Herz schlägt auf die gleiche Weise für mich wie das meine für sie ... Wäre ich doch tot, tot, selbst wenn der Tod die Austilgung wäre ...«[3]

Wie sollte es bei einem solchen Gemütszustand mit der Arbeit des jungen, jetzt 26jährigen Dichters wohl weitergehen? Er mußte sich von seinen Seelenqualen befreien. Und wie konnte das besser geschehen als durch eine große Reise. Weit über Dänemarks Grenzen hinaus. In ein Land, in das er schon immer fahren wollte.

Aber ganz so einfach war das nicht. In Deutschland gab es damals noch keine Eisenbahn, während man in England eine solche schon vor fünf Jahren in Betrieb genommen hatte. Er mußte also mit der Postkutsche reisen. Deutschland war zu jener Zeit kein einheitliches Reich. Napoleon hatte 1806 das Heilige Römische Reich Deutscher Nation neu geordnet. Es hatte vordem aus nicht weniger als 396 Fürstentümern, Freien Städten und Kirchenländern bestanden.

Jetzt, nach Napoleons Niederlage, kam auf dem Wiener Kongreß (1814/15) ein neuer Deutscher Bund zustande. Er bestand aus 39 souveränen Staaten. Von diesen waren Österreich, Preußen und Bayern die größten. Fast jeder dieser Staaten verfügte über eigene Zolltarife und Zollschranken. Sehr zum Ärger der Reisenden, die sich jedesmal einer Paßkontrolle und notfalls einer peinlichen Untersuchung unterziehen lassen mußten.

In Andersens Vaterland Dänemark, Europas ältestem Königreich, sah das ganz anders aus. Natürlich war es viel kleiner als der Deutsche Bund, glich vielmehr einem der mittelgroßen deutschen Staaten. Aber es hatte seit seinem Entstehen immer nur einen Souverän. Zu Andersens Zeit war es König Frederik VI. (reg. 1808–1839). Er war mit der deutschen Fürstentochter Marie Sophie Frederikke von Hessen-Kassel verheiratet. Natürlich hatte auch sein Land Probleme. 1784 fand dort eine gründliche Staatsumwälzung statt, 1807 bombardierten die Engländer Kopenhagen, 1813 erlitt das Land große Not durch den Staatsbankrott und 1814 wurde das bis dahin zu Dänemark gehörende Norwegen durch den Kieler Frieden an Schweden angegliedert. Aber kulturell begann bereits zum Zeitpunkt von Andersens Geburt im Dänischen Reich eine große Blüte. Von den Dänen das »Goldene Zeitalter« (Guldalderen) genannt.

Den politisch nicht besonders interessierten Hans Christian Andersen konnten die zergliederten Teile Deutschlands nicht abschrecken. Er bereitete sich auf seine Deutschlandreise vor.

ANDERSENS ERSTE AUSLANDREISE
UND SEIN BESUCH IN BERLIN

Kurze Zeit nachdem seine große Liebe Riborg Voigt im April geheiratet hatte, ging er am 16. Mai 1831 an Bord eines Dampfschiffes, das Passagiere nach Deutschland beförderte und kam nach mehrstündiger, stürmischer Überfahrt schließlich in Travemünde an.

Schon an Bord des Schiffes konnte er Bekanntschaft mit einem Berliner machen. Er schreibt darüber in seinem Tagebuch: »Als wir die Insel Falster passierten, stieg ich an Deck und sah den Sonnenaufgang. Vor Holsteins Küste wollte uns partout ein Berliner mit Berliner Witzen unterhalten. Es ging dabei um das Trinken von Branntwein ...«[4]

Ob Andersen dem Berliner nun tatsächlich zuhörte oder nicht, hat er nicht erzählt. Seine Gedanken waren sicherlich auf alles andere gerichtet als den Berliner Witz. Zudem war er auf seiner ersten Deutschlandreise der deutschen Sprache noch nicht so mächtig, daß er die Pointen Berliner Witze mitbekommen konnte. Und falls es in seinem Interesse gelegen hätte, Berliner Volkshumor zu hören, hätte er den wohl am besten an Ort und Stelle kennengelernt. Denn Preußens Hauptstadt spielte ja in seinen Reiseplänen eine besondere Rolle. Und tatsächlich kommt er auch später auf den Berliner Witz zu sprechen. Aber vorerst war Lübeck die erste deutsche Stadt, die der junge dänische Dichter betrat. In seinen Tagebüchern beschreibt er die Stadt gar nicht, und in seiner Autobiographie *Mit Livs Eventyr (Das Märchen meines Leben)*, nennt er sie nur einmal kurz. Aber in seinem nach seiner ersten Deutschlandreise geschriebenen Reisebuch *Skyggebilleder af en Reise til Harzen (Schattenbilder von einer Reise in den Harz)* widmet er ihr ein ganzes Kapitel. Es heißt dort: »Hier zwischen den spitzgiebeligen Häusern, in engen Seitenstraßen und in der Erinnerung. die ein historisches Gewand über das Ganze wirft, glaubt man sich um Jahrhunderte in der Zeit zurückversetzt. Diese kantigen Gebäude. diese steinernen Helden auf dem Rathaus und die gemalten Bilder an den Glasfenstern der alten Kirche, an der wir vorbeikamen, sahen auch so aus, als hätte Jürgen Wullenweber hier ein kräftiges Wort mitzureden. Daß die Kirchen offenstehen, erinnert an den Katholizismus. Und so manches Bild aus jener Zeit ergreift uns, durch seine poetische Idee oder sein Alter. Und das, obwohl es kein Kunstwerk ist.

Ich war in der Marienkirche und habe das berühmte astronomische Uhrwerk gesehen und den noch berühmteren Gemälde-

Zyklus, den man den ›Totentanz‹ nennt. Jeden Stand, jedes Alter, vom Papst bis zum Kind in der Wiege, sieht man hier zum Kotillon des Todes eingeladen, und alle im Kostüm der Zeit, in der sie gemalt wurden. Das soll das Jahr 1463 gewesen sein...« Andersen beschreibt den »Totentanz« noch weiter, verknüpft damit eigene Gedanken über Leben und Tod und fährt dann fort: »Die Mauern waren ringsum mit Epitaphien geschmückt, und in den Gängen waren Grabsteine mit unleserlichen Inschriften...Das alte Rathaus steht noch mit seinen Türmchen und dem großen Hansesaal...«[5] Weiter ging die Postkutsche nach Hamburg, und nachdem er am 18. Mai Wandsbeck erreicht hatte, traf er bald darauf in der Stadt an der Elbe ein. Und obwohl er, wie er in seinem Tagebuch notiert, zwei Nächte nicht geschlafen hatte, machte er sich sofort zu einem Besichtigungsspaziergang auf den Weg. Er sah die Elbe, den Hafen und den Wall und verirrte sich schließlich in der Stadt, kam aber mit Hilfe einiger wegweisender Hamburger doch noch zu seinem Hotel.

Dort wurde er bei der Table d'ôte« »der Herr Kandidat« genannt, was er stolz in seinem Tagebuch vermerkt. Aber wieder plagten ihn die Zahnschmerzen. Und die machten ihn so fertig, daß er abends auf einen Theaterbesuch verzichtete und schon gegen neun zu Bett ging.

Auch am nächsten Tag trat noch keine Besserung ein. Trotzdem spazierte er nach Altona, wo er den ihm bekannten Johan Frederik Freund besuchte, der dort königlicher Münzmeister war. Altona gehörte damals – obwohl dicht bei Hamburg gelegen – zum »Gesamtstaat Dänemark« (Helstaten Danmark). Freund war über den Besuch sehr erfreut. Nachdem ihm Andersen erzählt hatte, daß er noch verschiedene andere deutsche Städte und Landschaften besuchen wollte, sein Hauptziel aber Berlin sei, fragte ihn Freund, ob er denn für Berlin auch das nötige Geld habe. Und als Andersen ihm seine Finanzen erläuterte, schüttelte Freund nur den Kopf und meinte, daß er in der preußischen Hauptstadt mehr in der Tasche haben müßte und lieh ihm vier Louisdore.

Nach diesem Besuch wollte Andersen gern das Grab von Klopstock sehen, der in Ottensen beigesetzt war. Friedrich Gottlieb Klopstock (1724–1803) war in Dänemarks Kulturwelt sehr bekannt. Lebte er doch aufgrund einer Einladung des dänischen Königs Frederik V. (reg. 1746–1766) in den 50er und 60er Jahren in Dänemark und nahm auf die damalige dänische Literatur starken Einfluß.

In seinem Tagebuch schreibt Andersen am 19. Mai 1831: »Von ihm (J. F. Freund, d. Verf.) ging ich nach Ottensen, wo ich unter einem großen Baum Klopstocks Grab sah. Ich kroch durch ein Loch im Zaun und schrieb auf das Monument R.'s, Frau L.'s und meinen Namen. Das war so ein Einfall. R. ist ja tot, und ihr Name sollte auf einem Grabmal stehen...«[6]

Nun ging Andersens erste Deutschlandreise weiter nach Lüneburg und Goslar, von wo er über den Brocken nach Halle wanderte. Dann reiste er mit der Postkutsche weiter. Machte Station in Leipzig und erreichte schließlich Dresden, das Elbflorenz. Kaum hatte er sich in der Stadt etwas umgesehen, fühlte er sich dort schon wie zu Hause. Der erste Besuch, den er dort abstattete, galt dem berühmten norwegischen Maler Johan Christian Dahl (1788–1857), der seit 1824 eine Professur in Dresden hatte und mit Caspar David Friedrich befreundet war. Dahl empfing den dänischen Dichter mit großer Freundlichkeit, sie waren ja eine Art Landsleute; denn Norwegen war bis 1814 mit Dänemark verbunden. Dahl wollte zusammen mit zwei Norwegern den Dichter Ludwig Tieck besuchen. Und da Andersen ein Empfehlungsschreiben für Tieck mithatte – der dänische Dichter Ingemann (1789–1862) hatte es für seinen jungen Dichterkollegen geschrieben –, lud Dahl Andersen ein mitzukommen. Dahl empfahl seinem Besucher aber zuerst in die katholische Kirche zu gehen. Also machte sich Andersen nun auf den Weg zur Hofkirche und kam dort rechtzeitig zu einem Gottesdienst an. Zwar waren die meisten Zeremonien schon vorüber, aber die Orgel tönte immer noch, und die Gesänge klangen durch den hohen Kirchenraum. Es war der Tag, an dem das Fest Corpus domini gefeiert wurde – Fronleichnam.

Das war für Andersen wohl das bisher größte Erlebnis dieser seiner ersten Deutschlandreise. In seinem noch im selben Jahr geschriebenem und erschienenem Buch *Skyggebilleder fra en Reise til Harzen ... (Schattenbilder von einer Reise in den Harz...)* heißt es darüber u. a. : »Nun stand ich in der katholischen Kirche. Wie groß und hell! Der Musikchor brauste über meinem Kopf, auf allen Altären brannten Kerzen und überall in den Seitenkapellen und in den großen Gängen knieten die Leute. Die Königsfamilie war in der Kirche, ich sah, wie der König mit großem Eifer betete. Drei Priester in Gewändern aus Seidenbrokat standen am Altar ...«[7]

Das alles muß Andersen, der ja evangelisch war, ungeheuer beeindruckt haben; denn in seinem Reisebuch schreibt er mehrere Seiten über diesen Kirchenbesuch.

Abends war er dann mit Dahl und dessen beiden jungen norwegischen Gästen bei Tieck, für den er schon immer förmlich geschwärmt hatte. In seinem Reisebuch heißt es: »Jetzt sollte ich den großen Dichter kennenlernen, dessen geistiges Ich mich so oft und leidenschaftlich beschäftigt hatte. Ich dachte nicht an

17

seinen ›Gestiefelten Kater‹ und ›Prinz Zerbino‹, an seine schöne Elfenwelt und die herrlichen Novellen, nein, alles verschmolz mir in ihm selbst, in Deutschlands Tieck, jenem Mann, der als Meister für eine ganze Schule steht, die romantische Poesie, jenem Dichter, der bei seinen Landsleuten Goethe an Alter, Wert und Bewunderung am nächsten kommt.«[8]

Am 3. Juni – Andersen war am Tag zuvor in Dresden angekommen – besuchte er zusammen mit Dahl, dem dänischen Gesandten und den beiden jungen Norwegern die Gemäldegalerie und schreibt in seinem Reisebuch: »Welche Fülle von Kunstwerken! Was soll ich von den großen Einzelheiten zuerst erwähnen, welche den tiefsten Eindruck auf mich machten? Kann das denn eine Frage geben? Raffaels ›Madonna‹. Ich flog durch die Räume, um dieses Bild zu finden, und als ich davor stand – frappierte es mich überhaupt nicht. Es war für mich ein freundliches Frauengesicht, jedoch nicht schöner, als ich schon oft ähnliche gesehen hatte … Mehrere Madonnenbilder, mehrere Frauengesichter in dieser Galerie kamen mir sogar viel schöner vor. Ich kehrte nun zu diesen zurück – da aber fiel mir der Schleier von den Augen. Sie waren für mich nun gemalte Menschengesichter, denn ich hatte das Göttliche selbst gesehen. Wieder trat ich vor die Madonna, und jetzt erst empfand ich das unendlich Wahre und Herrliche dieses Bildes … Ein so überirdisches, kindliches Gesicht besitzt keine Frau, und doch ist es die reine Natur.«[9]

In den nächsten Tagen machte Andersen einige Ausflüge in Dresdens Umgebung und wanderte sogar ins böhmische Land hinein. Zurückgekehrt nach Dresden, ging er wieder in die Gemäldegalerie, spazierte auf der Brühlschen Terrasse und besuchte Dahl. Der bat ihn, sich in sein Gästebuch einzutragen, in das auch Tieck, Thorvaldsen und Goethe geschrieben hatten. Das erfüllte Andersen natürlich mit Stolz.

Danach verehrte Dahl seinem jungen dänischen Gast noch einige Zeichnungen und bat ihn, am nächsten Tag noch einmal bei ihm hineinzuschauen. Das war der 10. Juni. An diesem Tag, dem Tag seiner Abreise, ging er zuerst in die katholische Kirche, wo er, wie er schreibt »eine junge Dame beichten sah, was sehr lange dauerte.« Dann suchte er das Grüne Gewölbe auf. Dort beeindruckten ihn besonders die Spiegel an den Wänden, in denen, wie er schreibt, er sich verändert sehen konnte. »Ich hatte die Zepter in der Hand«, heißt es im Tagebuch weiter, »sah Luthers Ring und ungeheure Kostbarkeiten.«[10]

Darauf ging er wieder zu Dahl, der ihm noch eine kleine Ölskizze schenkte und sich herzlich von ihm verabschiedete. Am Nachmittag war er dann bei Tieck. »Er schrieb ein paar Worte zum Abschied«, notierte Andersen im Tagebuch, »drück-

Ludwig Tieck. Stahlstich von C. A. Schwerdgeburth,
nach einer Zeichnung von F. Gießmann
(Stiftung Preußischer Kulturbesitz)

te mich an seine Brust und bat mich, mutig den Weg zu gehen,
zu dem ich geboren sei.[11] Und als Tieck ihm zum Abschied einen Kuß auf die Stirn drückte, konnte sich Andersen der Tränen nicht mehr erwehren. Die »paar Worte zum Abschied«, die
Tieck Andersen mitgab, hatten folgenden Wortlaut: »Gedenken
Sie auch in der Ferne meiner; wandeln Sie wohlgemut und hei-
ter auf dem Wege der Poesie fort, den Sie so schön und mutig
betreten haben. Verlieren Sie nicht den Mut, wenn nüchterne

Kritik Sie ärgern will. Grüßen Sie den teuren Ingemann und alle Befreundeten und kehren Sie uns bald einmal frisch, gesund und reichbegabt von den Musen nach Deutschland zurück.«

Dresden, 10. Juni 1831
Ihr wahrer Freund Ludwig Tieck [12]

Nun ging Andersens Reise mit der Schnellpost nach Berlin. Unter dem Datum des 11. Juni 1831, ein Sonnabend, läßt uns Andersen durch eine Tagebuchaufzeichnung ein wenig in die Postkutsche hineinschauen. Dort heißt es: »Im Wagen war ein junger Kaufmann, der in Berlin wohnen sollte und seine Frau und Schwiegermutter bei sich hatte (er war seit vierzehn Tagen verheiratet). Das war eine ewige Küsserei…Sonst waren es gute Leute. Sie gaben mir ein Stück Karbonade. – Ein Galizier – Herr und Diener – war auch dabei. Großenhain, wo wir in der Nacht ankamen, hat eine kleine Kirche, deren Fenster und alles andere seit der Zeit der Pest zugemauert sind, und was man jetzt nicht zu öffnen wagt. Elsterwerda und Liebenwerda passierten wir, kamen nun nach Herzberg und darauf nach Jüterbog, wo die Pässe visiert wurden.

Das ist eine eintönige Straße. Als wenn man nur ein Stück braunen Kattuns mit grünen Flecken ständig vorbeischweben sieht.

In Potsdam sah ich die weltberühmte Mühle. Sanssouci liegt schön. Dort gibt es einen See und einen Fluß. Wir trafen den König und seine Familie, die dort draußen fuhren. Um sieben Uhr kamen wir in Berlin an, wo ich den Vaudeville-Dichter Louis Angely im Hotel »Der Kaiser von Rußland« aufsuchte. Dort ist es äußerst brillant. Und man hat dort eine vortreffliche Bedienung.« [13]

Wie Andersen später in seinem Reisebuch *Schattenbilder von einer Reise in den Harz* schreibt, hatte Louis Angely eines der ersten Hotels von Berlin in seinem Besitz, eben den »Kaiser von Rußland«. Dort zog Andersen nun ein. In seinem Tagebuch hatte er die Uhrzeit seiner Ankunft in Berlin notiert: sieben Uhr. Und so schreibt er auch später in seinem Reisebuch: »Es war schon Abend, als wir in Berlins Straßen rollten, die in ihrer ganzen Unendlichkeit vor uns und neben uns lagen. Alles sah mir so vornehm aus! Es imponierte durch seine Größe, alles war Reichtum und Pracht, alle Menschen schienen mir so geputzt zu sein. ›Es ist doch nicht Sonntag?‹ fragte ich.

Nein, im Almanach war es Sonnabend. Aber Berlin sah immer aus, als müßte Sonntagnachmittag sein.« [14]

Andersen war nun in Berlin angelangt, wohin zu kommen er sich schon lange gewünscht hatte. In Preußens Hauptstadt lebten damals etwa 320 000 Einwohner in verschiedenen Stadtteilen, die allerdings noch nicht miteinander verbunden waren.

Den Kern Berlins bildete die Königsstadt mit dem Schloß als Mittelpunkt. Dort pulsierte das Leben. Vor allem der Handels- und Gewerbebetrieb, deren Schwerpunkte der Kolonialwarenhandel und die Geschäfte für Tuche waren. Dort befanden sich auch das Stadtgericht, die Polizei und die Post. Als geistlicher Mittelpunkt stand nicht weit vom Schloß der alte Dom, östlich dem von Schinkel entworfenen Lustgarten, an dessen nördlichem Ende sich das erste preußische Museum erhob; ebenfalls von Schinkel entworfen und 1830 eröffnet. Dieser klassizistische Hallenbau mit den Ionischen Säulen – später Altes Museum genannt – sollte für Andersen noch zu einem großen Bildungserlebnis werden. Aber auch die Königliche Oper, die Friedrich II. von Georg Wenzelslaus von Knobelsdorff bauen ließ und die dicht daneben liegende St. Hedwigs Kathedrale gehörten zu den Bauwerken, die Andersen nun sehen würde. Genauso wie die von König Friedrich Wilhelm 1810 gestiftete Universität im ehemaligen Palais des Prinzen Heinrich Unter den Linden. Diese Prachtstraße, die man von Westen durch das Brandenburger Tor kommend erreichte, hatte es Andersen besonders angetan. Daß diese bedeutende Straße mit ihrem Alleencharakter, die direkt zum Schloß führte, eine so große Rolle im Stadtbild Berlins spielte, lag auch an den vornehmen Palais und großartig gestalteten Gebäuden zu beiden Seiten. Dort konnte man auch schräg gegenüber der Oper das Zeughaus mit seinen mächtigen barocken Fassaden und nicht weit davon die von Schinkel gestaltete Neue Wache sehen, die von 1816 bis 1818 errichtet worden war. Hinzu kam die Vielzahl der dort promenierenden Bürger, der Offiziere in ihren bunten Uniformen, der Reiter und Kutschen, die diesen wohl berühmtesten Boulevard Deutschlands erst so richtig anziehend machten.

Von der Straße Unter den Linden konnte man durch eine Nebenstraße zum Gendarmenmarkt gelangen, mit dem von Schinkel entworfenen Schauspielhaus und den beiden gegenüberliegenden Kirchen, der französischen und der deutschen. Für beide hatte Friedrich der Große gleiche Kuppeln nach dem Vorbild der Kirche Maria del Popolo zu Rom bauen lassen.

Andersen hat bei diesem, seinem ersten Berlin-Besuch sicherlich vieles von der Stadt gesehen. Vielleicht sogar soviel, daß es ihn schließlich ermüdete, wie er es in seinem Gedicht, das er später schrieb, auch andeutete. In seinem Tagebuch notiert er unter dem Datum des 13. Juni 1831: »War beim dänischen Mini-

Unter den Linden. Kupferstich von Calau um 1820
(Landesbildstelle Berlin)

ster Reventlow, der mich mit viel Höflichkeit empfing. Etwas,
das nicht allgemein ist, wie man sagt … Heute bin ich tüchtig
herumgelaufen. Die Stadt ist ungeheuer groß, ermüdet aber die
Augen durch ihre Einförmigkeit und die Beine durch ihr Pfla-
ster. Bei der Table d'hôte fragte mich ein junger Franzose, den
ich hier kennengelernt habe, ob wir nicht ein bißchen spazie-
rengehen sollten. Ich ging mit, und jetzt erzählte er sein ganzes
Don-Juan-Leben, das mich anfangs amüsierte. Als wir aber mit
einemmal in einer Straße de plaisir standen, und er mich zu einem Glas Wein einlud, kriegte ich keinen schlechten Schreck.
Ich schämte mich ordentlich, durch diese lange Straße der Sirenen zu gehen, die immer schmaler wurde, bis wir ihr entschlüp-
fen konnten, und ich mich freundlich von ihm trennte. Allerdings nicht mit den besten Gedanken über den jungen Mann,
der die Welt nur allzu gut kannte …«[15]

In Berlin wurde Andersen wohl zum erstenmal in größerem
Umfang mit der Prostitution konfrontiert. Selbstverständlich
gab es diese auch in Kopenhagen, jedoch nicht in diesem Aus-
maß. Obwohl Andersen die käufliche Liebe verabscheute, hatte
er hier doch beste Möglichkeiten gehabt. In seinen autobiogra-
phischen Aufzeichnungen deutet er hier und da an, wie stark er
immer wieder den Wunsch fühlte, eine Frau physisch zu besit-
zen.[16]

Der Gendarmenmarkt mit dem Schauspielhaus. Stahlstich von Barber, nach einer Zeichnung von Hintze. (Nach S. H. Spiker: Berlin und seine Umgebung im 19. Jahrhundert, Berlin 1832).
Foto: Hans-Christian Barüske

Das war das Berlin der Biedermeier-Zeit, der großen Periode in der nachklassizistischen Zeit der Jahre 1815 bis 1848. Die Bezeichnung umschrieb vornehmlich eine ausgesprochen bürgerliche Lebenshaltung, geprägt durch Treuherzigkeit, Geruhsamkeit und moralisierende Beschränktheit. Der sogenannte Biedermeier-Stil trat in der Mode hervor und in der Möbelkunst, die aus den Empiremöbeln entwickelt wurde und betont schlichte und einfache Formen bevorzugt.

Man könnte nun annehmen, daß die Menschen jener Zeit »biedere Bürger« gewesen waren. Wenn man jedoch in zeitgenössische Statistiken schaut, sieht das Sittenleben etwas anders aus. So heißt es beispielsweise in der *»Deutschen Kultur- und Sittengeschichte«* des Kultur- und Literaturhistorikers Johannes Scherr (1817–1886), der seit 1860 Professor für Geschichte am Polytechnikum in Zürich war, daß es 1846, also gegen Ende der Biedermeier-Zeit, in Berlin ca. 10 000 Prostituierte gab und daß jede achte Berlinerin der Prostitution nachging. Ferner stellte Scherr fest, daß 20 % aller Geburten in Berlin unehelich waren, und daß die Syphilis stark verbreitet war.

Als Andersen später noch auf dem Wilhelm Platz war und sich die »Denkmale der berühmten Generale« angesehen hatte, notierte er: »Kam früh heim und schrieb folgendes über Berlin«:

23

Schnurgerade Straßen, Palais an Palais,
Ich werd' müde vom Gehen und dem, was ich seh'.
Nette Soldaten – den zuerst ich sah,
Fühlt durch mein Herz ich gehen da.
Und ich rief: Welch Körper, welche Beine,
Herrgott, welch ein Netter der eine!
Unter den Linden alle Welt tut gehen.
(Am schönsten ist das im Kupferstich zu sehen).
Die Straßen stauben, wo auch Jugend ich seh'.
Ach, das tut den Augen wirklich weh!
Echten Berliner Witz man hat hier,
Und der ist kostbar, das glaubet mir.
Wenn der mit der Schnellpost von hier sollte fort,
Würd' er – weil zu schwer – zu teuer dort !
R wird geschnurrt und »mein Jott« man sagt,
Die Leut' sind sehr gut, hab mich nie beklagt.
Die Stadt, dreht man sie kreuz und quer,
Ist für Verse viel zu groß und schwer.

Moral

Merk dir: die Moral mir sehr fein erschien,
Die man bekommt aus dem großen Berlin.[17]

Andersen war nicht in erster Linie nach Berlin gekommen, um sich dort Palais und Kirchen anzusehen. Was ihn an dieser Stadt interessierte, war ihr kulturelles Leben. Die Dichter und Künstler, die Theater und Museen, und was es sonst noch an schönen Dingen gab. Was die Dichter betraf, so war es durchaus üblich, daß sie Kollegen aus dem Ausland empfingen, um mit ihnen Gedanken auszutauschen und sich über ihre Werke zu informieren. Nun konnte es jedoch sein, daß ein solcher Besuch nicht willkommen war. Sei es, daß der zu Besuchende nicht gestört werden wollte, weil er gerade an einem Manuskript arbeitete oder generell eine Aversion gegen fremde Besucher hatte.

Aber auf eine derartige Möglichkeit waren die meisten Besucher vorbereitet: sie führten Empfehlungsschreiben auf ihren Reisen mit, die von bekannten Persönlichkeiten ausgestellt waren. Hatten sie allerdings selbst einen Namen, der über die Grenzen ihres Heimatlandes bekannt geworden war, dann verzichteten sie natürlich auf ein solches Schreiben.

Für Andersen traf das allerdings noch nicht zu. In Deutschland war er bis zu diesem Zeitpunkt ein völlig Unbekannter. Daher hatte er zwei Empfehlungsschreiben in der Tasche. Das eine überreichte er, wie bereits erwähnt, in Dresden dem Dichter Ludwig Tieck. Das andere trug er noch bei sich. Aber bevor er es der betreffenden Persönlichkeit übergeben würde, mußte er noch einige Besuche machen. Der eine galt dem Bruder des mit Andersen befreundeten Bildhauers Hermann Ernst Freund (1786–1840). Dieser aus Bremen stammende Künstler war 1803 nach Kopenhagen gekommen, wo er die Kunstakademie besuchte. 1811 hatte er die dänische Staatsangehörigkeit angenommen und arbeitete von 1817 bis 1827 bei Thorvaldsen in dessen römischem Atelier. H. E. Freund schuf vor allem Büsten und Statuen und wurde 1829 zum Professor ernannt. In Dänemarks Kunstgeschichte nimmt er eine zentrale Stellung ein.

Freunds Bruder war in Deutschland geblieben und betrieb in Berlin eine kleine Fabrik. Andersens Besuch bei ihm hatte einen rein pragmatischen Grund. H. F. Freunds Berliner Adresse diente ihm als Poststelle.

Der nächste Besuch galt dem Schriftsteller und Literaturhistoriker Franz Christoph Horn (1781–1837). Horn war damals durch seine Vorlesungen als Privatdozent über Shakespeare und die deutsche Literaturgeschichte, aber auch durch seine Belletristik, die aus einigen Novellen und Romanen bestand, bekannt. Von diesen Werken war »Der Ewige Jude« wohl zu jener Zeit das meistgelesene Buch. Seine literarische Produktion aber geriet mit der Zeit völlig in Vergessenheit. Andersen, der wohl von Freunden auf Horn aufmerksam gemacht worden war, wollte sich bei ihm sicherlich Informationen über neuere deutsche Literatur holen. Aber daraus wurde nichts. Denn wie Andersen in seinem Tagebuch notiert, war »seine Anschrift im Adreßbuch fehlerhaft angegeben.«

Also machte sich der junge bildungshungrige dänische Dichter auf den Weg zu Adelbert von Chamisso, dessen Adresse er kannte. Chamisso, der vor Jahren noch eine »Amtswohnung« hatte, war, nachdem das kleine Haus am Botanischen Garten 1822 abgebrannt war, in die Stadt gezogen und wohnte jetzt in der Friedrichstraße Nr. 235. Für ihn – dessen Roman »Peter Schlemihl« Andersen schon lange kannte, und der seinen Autor durch viele Übersetzungen in verschiedenen Teilen Europas berühmt gemacht hatte – trug er ein besonders vornehmes Empfehlungsschreiben in der Tasche. Es stammte von dem bekannten dänischen Physiker Hans Christian Ørsted (1777–1851), dem Entdecker des Elektromagnetismus, wodurch der Anfang einer bahnbrechenden Entwicklung der Elektrizitätslehre eingeleitet wurde. Ørsted war auch der erste, der reines Aluminium herstellen konnte. Neben seinen naturwissenschaftlichen Arbeiten trug er wesentlich dazu bei, das romantische Geistesleben jener Zeit zu prägen, was besonders durch sein bedeutendes Werk »Aanden i Naturen« (Der Geist in der Natur) geschah, das allerdings erst 1850 erschien.

Andersen konnte also für Chamisso kein besseres Empfehlungsschreiben mitbringen als das eines so bekannten Physikers, der damals schon über die Grenzen seines Landes hinaus berühmt geworden war. Aber trotz einer so hervorragenden Empfehlung war Andersen auf dem Weg zu Chamisso sicherlich von einer gewissen Nervosität ergriffen; denn dieser junge, sensible Dichter, dem Chamissos Berühmtheit wohl bekannt war, hatte ja noch etwas Besonderes vor. Er wollte ihm seine 1830 erschienene Sammlung *»Digte« (Gedichte)* verehren und hoffte auf eine gute Beurteilung. Chamisso war des Dänischen mächtig, was Andersen nur zu gut wußte.[18]

Adelbert von Chamisso, dessen eigentlicher Name Louis Charles Adelaide de Boncourt war, wurde am 31. Januar 1781 auf Schloß Boncourt in der französischen Champagne geboren. Seine Familie hatte im Mai 1792 das revolutionäre Frankreich verlassen und sich 1796 in Berlin niedergelassen. Dort wurde der junge Chamisso Page der Königin Friederike Luise, der Gattin Friedrich Wilhelms II. 1798 trat er in die preußische Armee ein, in der er 1801 zum Leutnant befördert wurde.

Als seine Eltern in diesem Jahr wieder nach Frankreich zurückkehren konnten, blieb er in Berlin und gab zusammen mit dem jungen Karl August Varnhagen von Ense (1785–1858) einen *»Musenalmanach«* (1804–1806) heraus. Neben Varnhagen findet Chamisso in Berlin noch weitere literarisch interessierte Freunde wie Julius Eduard Hitzig, Heinrich Klaproth und andere. Sie schließen sich zum »Nordsternbund« zusammen und veröffentlichen ihre Gedichte im *»Musenalmanach auf das Jahr – 1804«.* Es ist das Jahr, in dem August Wilhelm Schlegel (1767–1845) seine Vorlesung über romantische Poesie hält.

Aber die romantische Stimmung wurde in jener Zeit stark getrübt. Napoleon hatte seine Truppen 1805 bei Austerlitz aufmarschieren lassen und den Österreichern und Russen eine katastrophale Niederlage in der sogenannten Dreikaiserschlacht bereitet. Wann würde er nun in Preußen einfallen? 1806 hatte Chamisso noch den dritten Band des Musenalmanachs zusammenstellen können. Da waren die preußischen Truppen schon in Alarmbereitschaft versetzt worden, und ein Gesuch Chamissos um Entlassung aus dem Militärdienst war abgelehnt worden. So sah er sich schließlich nach langen Märschen in der Festung Hameln. Doch die mußte sich bald kampflos den Franzosen ergeben. Der französisch gebürtige Leutnant Chamisso wurde »Kriegsgefangener auf Ehrenwort«, bekam einen Paß und durfte nach Frankreich reisen und seine Eltern besuchen.

Adelbert von Chamisso. Jugendbildnis. Anonymes Gemälde.
Frankfurt a. M., Freies Deutsches Hochstift.
(Stiftung Preußischer Kulturbesitz)

Zurückgekehrt nach Berlin, konnte er schließlich den Militärdienst im Rang eines Premierleutnants quittieren. Jetzt war
Chamisso wieder ein freier Mann und konnte sich seinen naturwissenschaftlichen Interessen widmen, die Seite an Seite mit seinen literarischen Beschäftigungen liefen. Er ließ sich 1812 an der
neugegründeten Berliner Universität immatrikulieren und be-
legte eine Reihe von Fächern mehrerer Fakultäten: Botanik,
Zoologie, Mineralogie, Naturphilosophie, Physiologie und Ana-
tomie. Das war das reinste Megastudium, das der jetzt 31jährige
Student, zu absolvieren beabsichtigte.

Doch die Literatur geriet deshalb nicht in Vergessenheit. Ein
Jahr vor seiner Berliner Immatrikulation hatte ihn Madame de
Staël auf ihren Wohnsitz Schloß Coppet am Genfer See eingeladen, wohin sie sich nach ihrer Ausweisung aus Paris und einem
vorübergehenden Aufenthalt in Berlin zurückgezogen hatte.
Dort bekam Chamisso im Kreise ihrer illustren Gäste vermutlich so manche literarische Anregung. Und so dauerte es auch
gar nicht lange, bis er bald nach seiner Immatrikulation an ei-

nem Buch zu schreiben begann, dessen Thematik ihm schon oft im Kopf herumgespukt hatte: *»Peter Schlemihls wundersame Geschichte«*. Dieses Werk, das er im Spätsommer 1813 erarbeitet hatte, entstand aus einer Bemerkung seines Freundes de la Motte Fouqué, von der er erzählte: »Ich hatte auf einer Reise Hut, Mantelsack, Handschuhe, Schnupftuch und mein ganzes bewegliches Gut verloren; Fouqué frug, ob ich nicht auch meinen Schatten verloren habe, und wir malten uns das Unglück aus.«[11] Chamisso verband mit dem Motiv von dem Mann, der seinen Schatten an den Teufel verkauft die alten Märchen von den Siebenmeilenstiefeln, der Alraunwurzel und dem unsichtbaren Vogelnest. Und schuf mit dieser Verbindung eine ganz realistische, in die Zeit des Dichters gerückte Darstellung, die selbst über das Wunderbare den Schein der Wirklichkeit ausbreitet. Die Geschichte, die 1814 als Buch in Nürnberg erschien, wurde bald in viele Sprachen übersetzt und machte Chamisso schnell in Deutschland und anderen Ländern bekannt.

Aber die Sehnsucht nach wissenschaftlicher Forschung und entsprechenden Reisen ließ ihn nicht los. Da entdeckte er eines Tages in einer Zeitung eine Meldung, daß die Russen eine Forschungsreise zum Nordpol planten. Und obwohl der Nordpol nicht gerade Chamissos Wunschziel war, bemühte er sich um eine Teilnahme, die sein Freund Hitzig durch seine russischen Beziehungen und entsprechende Empfehlungsschreiben tatkräftig und erfolgreich unterstützte. Chamisso wurde als wissenschaftlicher Mitarbeiter angenommen, aus der Nordpolfahrt aber wurde eine Reise um die Erde auf der russischen Brigg »Rurik«, auf dem der deutschstämmige 27jährige Kapitän Otto von Kotzebue das Kommando führte.

Chamisso hatte am 15. Juli 1815 Berlin verlassen und reiste mit der Postkutsche über Hamburg nach Kiel, von wo er mit einem Schiff weiter nach Kopenhagen fuhr. Dort sollte er an Bord der »Rurik« gehen. Nachdem er nach einer 11tägigen Reise am 26. Juli im Kopenhagener Hafen gelandet war, ging es aber nicht gleich weiter. So konnte er sich in Dänemark, einem Land, das er vorher noch nie besucht hatte, vierzehn Tage lang aufhalten und sogar an der Krönung des dänischen Königs Frederik VI. teilnehmen.

So begann Chamissos erste Beziehung zu jenem Land, dessen Dichter Hans Christian Andersen, der zu diesem Zeitpunkt noch ein 10jähriges Kind war, ihn 16 Jahre danach in Berlin besuchen sollte. Chamisso wurde durch diesen Besuch der erste Literart in Deutschland, der den später weltberühmten dänischen Dichter zum erstenmal übersetzte und ihn einer illusteren Gesellschaft deutscher Dichter und Kulturpersönlichkeiten in Berlins Literarischer Gesellschaft vorstellte. Es war zweifellos dieser erste und unbeabsichtigte Aufenthalt in Kopenhagen, der Chamisso das Land der Dänen so nahegebracht hatte, daß er 1831 seinen jungen dänischen Besucher so aufgeschlossen empfangen konnte. Noch einige Jahre nach Andersens erstem Besuch bei Chamisso, schreibt dieser an den dänischen Dichter in einem Brief mit dem Datum des 21. Juni 1836 u. a.: »Wissen Sie, daß ich eitel darauf sein möchte, Sie zuerst in Deutschland eingeführt zu haben…«

Und Dänemark hatte es ihm damals wirklich angetan. In einem Kapitel seiner Schrift *Reise um die Welt* schreibt er u. a.: »Ich habe in Kopenhagen, wo ich mich gleich heimisch eingerichtet hatte, mit lieben teilnehmenden Freunden und im lieb- und lehrreichen Umgange von Männern, die in Wissenschaft und Kunst die Ehre ihres Vaterlandes sind, vielleicht die heitersten und fröhlichsten Tage meines Lebens verlebt. Hornemann war zur Zeit abwesend, dagegen Pfaff aus Kiel in Kopenhagen. Oehlenschläger beschäftigte sich eben mit der Übersetzung der *Undine* von Fouqué. Das Theater war, wie gewöhnlich in den Sommermonaten geschlossen. Bibliotheken, Sammlungen, Gärten beschäftigten mich während der Stunden des Tages, die Abende gehörten der schönsten Geselligkeit.

Ich habe der Salbung, nach unserem Sprachgebrauch der Krönung, des vielgeliebten Königs Friedrich VI. von Dänemark im Schlosse zu Friedrichsburg beigewohnt. Ich bemerke beiläufig, daß meine Freunde die für mich nötige Einlaßkarte von einem Juden, der solche feil hatte, erhandelten.«[19]

Nachdem Chamisso in diesem Kapitel noch weiter über seine in Kopenhagen gewonnenen Eindrücke berichtet, kommt er zum Schluß noch einmal auf die Krönung zurück und schreibt: »Der König wird mit inniger Anhänglichkeit geliebt, und das Unglück der Zeiten (so u. a. die Bombardierung Kopenhagens durch die Engländer u. der Verlust Norwegens, d. Verf.) nicht ihm zugerechnet. Die Zeremonie der Salbung, bei der er mit Krone und Zepter, und seine Ritter in altertümlicher Tracht um ihn her, erschienen, war kein Schau- und Faschingsspiel, sondern das Herz der Dänen war dabei, und der Volksgeist belebte noch die alten ehrwürdigen Formen …«[20]

Am Morgen des 9. August 1815 war Chamisso an Bord der »Rurik«, die auf der Kopenhagener Reede lag gegangen und hatte sich beim Kapitän gemeldet. Die große Reise um die Erde konnte beginnen. Sie sollte drei Jahre dauern. Am 31. Oktober 1818 war er wieder in Berlin. Und bereits im Dezember desselben Jahres konnte in Paris sein *Erster Bericht über eine Expedition* veröffentlicht werden. Weitere Berichte über seine Forschungsergebnisse folgten. Und am 20. März 1819 wird ihm von der Universität die Würde eines Doctor honorarius der Philosophie verliehen. Es ist dasselbe Jahr, in dem er zum Kustos am Botanischen Garten ernannt wird und am 25. September die um 1800 geborene Antonie Piaste heiratet, mit der er in die ihm zur Verfügung gestellte »Amtswohnung« zieht. Ein schmuckes kleines Haus, dicht an seiner Wirkungsstätte, dem Botanischen Garten. Antonie schenkte ihrem Mann im Lauf der Jahre sieben Kinder, starb allerdings bereits 1837.

Als Chamissos »Amtswohnung«, in der er sich mit seiner damals noch kleinen Familie sehr wohlfühlte, 1822 abbrannte, zog er für kurze Zeit in eine Notwohnung und später in das Haus in der Friedrichstraße Nr. 235.

Und dorthin befand sich Hans Christian Andersen am Sonntag, dem 12. Juni 1831 auf dem Wege und war völlig überrascht, als ihm der Hausherr persönlich die Tür öffnete. Aber bald war Andersens Nervosität verflogen. Nachdem Chamisso Ørsteds Empfehlungsschreiben gelesen hatte, erstrahlten seine, wie Andersen schreibt, »ehrlichen Augen«, und sie verstanden sich sofort. In seinem Tagebuch beschreibt Andersen unter dem Datum des 12. Juni 1831 den ersten Eindruck, den der damals schon hochberühmte Dichter und Naturforscher auf ihn machte. Es heißt dort: »Chamisso war ein großer, kräftig gebauter, magerer Mann. Ein graubrauner Schlafrock und lange graue Locken, ein gutmütiges Gesicht. Es glich einem Eremiten aus der Wüste. Da war ein großes Kindergewimmel. Er sagte, daß es jetzt nicht die Zeit für einen Dichter wäre, um gelesen zu werden. Die Welt handele! Nur eine Viertel Meile von hier ist da ein Cordon wegen der Cholera …«[21]

Das große Kindergewimmel, das Andersen in seinen Notizen hervorhebt, hatte die Unterhaltung vermutlich etwas gestört – Chamisso hatte zu dem Zeitpunkt des Andersen-Besuchs bereits fünf Kinder – aber die Begegnung mit Chamisso wurde trotzdem ein Erfolg. Denn in seiner Autobiographie *Mit Livs Eventyr (Das Märchen meines Lebens)* heißt es: »Ich weiß nicht, wie es kam, aber wir verstanden uns sofort gut. Ich fühlte Zutrauen zu ihm, erzählte ihm, wer ich war und dazu noch in einem schlechten Deutsch. Chamisso las dänisch. Ich verehrte ihm meine Gedichte. Und er wurde der Erste, der mich übersetzte, der Erste, der mich in Deutschland einführte.«[22]

Nach seinem Besuch bei Chamisso war Andersen in Hochstimmung. Er beschloß, diesen denkwürdigen Tag mit einem Theaterbesuch zu beschließen. Er ging also in das Königliche Opernhaus und notierte später in seinem Tagebuch: »Ein Billett für den Sperrsitz kostete einen preußischen Reichstaler. Ich bekam N°. 2 (zweite Bank im Parkett). Das ist ein herrliches, großes Gebäude. Drei Etagen-Logen samt Parkett-Loge. Man gab *Oberon*. Nach der Ouvertüre wurde gleich ›da capo‹ gerufen. Ebenso nach Fatimas Arie Al, al, al! Eine herrliche Dekoration zuerst: Oberon schlief in einem Lilienkelch, kleine Genien standen in Lilien. – Rezias Schlafkammer war durch ein vergoldetes Gitter von der Wache getrennt. Im zweiten Akt war die Seeluft vortrefflich, und man sah zuletzt die Sterne hervorbrechen. Oberon fuhr auf einer Muschel, die von Schwänen gezogen war. Die Elfen flogen leicht durch die Luft. Karls des Großen Halle war antik und herrlich mit bunten Fensterscheiben. Hier durfte er doch wenigstens ein paar Worte sagen. Ansonsten fehlten viele Szenen in Prosa, die wir haben. Die Maschinerie ging genau so schlecht wie bei uns. Die Vorhänge fielen schief … Madame Walker wurde rausgerufen. Sie sagte ein paar Worte. Bader wurde auch gerufen …«[23]

Der Tag seiner Abreise rückte immer näher. Andersen hatte sich vorgenommen, am 16. Juni die preußische Hauptstadt zu verlassen. Aber vorher mußte er noch etwas Besonderes sehen. Schon im vorangegangenen Jahr hatte er in Kopenhagen von einer neuen Antiken- und Gemäldesammlung in Berlin gehört, die 1830 eröffnet worden war und zwar im ersten öffentlichen Museum in Preußen. Dieses Museum, dessen äußere Fassade durch eine offene Halle aus achtzehn Ionischem Säulen gebildet wurde, war von dem damals schon berühmten Geheimen Oberbaurat Karl Friedrich Schinkel (1781–1841) entworfen worden und gehörte zu Berlins architektonischen Kostbarkeiten. Die Entstehung dieses ersten öffentlichen preußischen Museums ist König Friedrich Wilhelm III. (reg. 1797–1840) zu verdanken. Er hatte bereits 1809 den Leiter des Kulturdepartements Wilhelm von Humboldt (1767–1835) beauftragt, Konzepte für den Aufbau öffentlicher Kunstsammlungen zu entwickeln. Und so ist es zu verstehen, daß in dem 1830 eröffneten Museum, das später den Namen Altes Museum erhielt, außer den antiken griechischen und römischen Exponaten, auch Werke der Bildenden Kunst im oberen Stockwerk ihren Platz fanden. Bilder, die sich zum Teil vorher in privaten Galerien der preußischen Könige befanden oder gekauft wurden. Das alles mußte Andersen natürlich noch vor seiner Abreise aus Berlin sehen. Und so findet man auch in seinem Tagebuch unter dem Datum des 14. Juni 1831 einige Notizen über diesen Besuch.

»War im Museum«, kann man dort lesen, »das nur an gewissen Tagen geöffnet ist. Aber jeder Fremde, der dem Kastellan seinen Paß zeigt, bekommt freien Eintritt. Ich sah zuerst die

Das Alte Museum mit einem Teil des Lustgartens.
Stahlstich von Finden, nach einer Zeichnung von Klose.
(Nach S. H. Spiker: Berlin und seine Umgebung im 19. Jahr-
hundert, Berlin 1832). Foto: Hans-Christian Barüske

Antikensammlung, von der es mehrere gibt, darunter ägyptische. Oben sind brillante Säle, in denen Gemälde in einer vor-
trefflichen Ordnung hängen.

Livrierte Diener saßen an den Türen. Ich sah *die Grablegung
Christi* von Michelangelo da Caravaggio. Die *Fortuna* von Gui-
do Reni, von Anton van Dyck die *Ausgießung des Heiligen Gei-
stes* sowie zwei von Carls I. Kinder!

Von Peter Paul Rubens 1) die *Hl. Cäcilia*, 2) die *Krönung
Mariä* sowie 3) ein Porträt seiner zweiten Frau *Helène Fourment*.
Von K. van Mander *Christian IV.* Von David Teniers d. J. *Die
Versuchung des Hl. Antonius*. Landschaften von Ruisdal.

Carlo Dolcis *Evangelist Johannes* hat auffallende Ähnlichkeit
mit seinem *Christus* in Dresden. Hieronymus Bosch hatte drei
zusammenhängende Stücke gemalt. *Die Schöpfung, Das Jüngste
Gericht* und *Die Hölle*. Von den beiden letzteren war fast *Das
Jüngste Gericht* am schlimmsten. Das war all die greuliche Phantasie, die man sich nur denken kann. Einer hatte eine ewige Di-
arrhöe. Und durch einen Trichter lief das in den Mund eines anderen Verdammten, der so aussah, als hätte er zu seinen Lebzei-
ten ganz schön getrunken. Die barockesten Teufel peinigten die
Menschen. Von Hugo van der Goes waren da einige Christus-
Köpfe. Aber das war ekelhaft: die große Natur, angeschwollene
blaue Adern, große Schweißtropfen und Blutflecken, das war

häßlich. Ich wurde auf zwei Bilder dieses Meisters aufmerksam, das eine häßlicher als das andere.

War im »Schauspielhaus«, wo man eins der von meinem Wirt übersetzten Stücke gab: *Onkel Brand,* danach *Seltsame Ehen,* eine Posse. – Devrient spielte Brand ganz vortrefflich. Man sagte mir, er wäre eine herrliche Ruine dessen, was er einmal gewesen war. Aber man konnte sich doch leicht an das ganze geistige Bauwerk anschließen. – Das Stück war recht schmuck.«[24]

ANDERSEN ALS GAST IN DER LITERARISCHEN GESELLSCHAFT

Man könnte annehmen, daß Chamisso der einzige bedeutende Dichter war, den Andersen in Berlin kennenlernte. Aber dem war nicht so. Am 14. Juni hatte Chamisso seinen neuen jungen Freund aus Dänemark in die Literarische Gesellschaft eingeladen. Nach seinem Besuch im »Schauspielhaus«, wo er zuletzt ein Stück mit Devrient sah, schreibt er: »Ich ging als es vorbei war, zu Kempers im Tiergarten am Potsdamer Tor, wohin mich Chamisso zu der Literarischen Gesellschaft eingeladen hatte. Da war ein festliches Treffen aus Anlaß von Holteis Heimkehr aus Darmstadt, wo er ein Jahr gewesen war. Chamisso stellte mich einer großen Menge – wie er sagte – ausgezeichneter Männer als dänischer Dichter vor. Darauf versammelten sich alle mit ihren Frauen in einem großen Saal, wo Holtei einige neue Gedichte, von verschiedenen Verfassern geschrieben (Uhland, Schwab, Rückert usw.), abgefaßt auf unsere Zeit, las, die aber nicht in Preußen eingeführt werden durften.

Wir gingen darauf zu Tisch, als Frau Holtei kam (sie hatte in *Das Irrenhaus* gespielt), eine schöne Frau. Die beiden bekamen den Ehrenplatz. Und ich kam zwischen Chamisso und den Redakteur Curtius. Genau gegenüber saß Simrock, ein junger Dichter, der sein Amt wegen eines politischen Gedichts *Drei Tage und drei Farben,* das von ihm stammte, verloren hatte, und Willibald Alexis (Häring).

Er hatte ein schönes Gesicht und einen Schnurrbart. Man sagte, daß er sehr melancholisch sei. Aber an diesem Abend war er doch ziemlich aufgelegt. Er erzählte von den behaglichen Stunden, die er eines Abends bei Oehlenschläger genossen habe, schrieb seinen Namen auf ein Stück Papier, damit ich ihn erinnern sollte. (Diebitsch ist tot, hörte ich).

Es wurden mehrere Gedichte von Holtei vorgelesen. Er selbst deklamierte für die Gesellschaft ein Gedicht. (Da waren Gedichte von Chamisso, Simrock und vielen anderen.) Ein Lied von Karl Schall sang ich mit.

Es wurde auf das Wohl des Königs getrunken, man lobte ihn sehr. Ich kam erst nach 12 Uhr von der Gesellschaft zurück … La Motte-Fouqué, Clauren, Raupach und Streckfuß waren verreist, sonst hätte ich sie gesehen.«[25]

Daß Andersen den damals schon berühmten Dichter Baron de la Motte Fouqué dort nicht traf, der durch seine Erzählung *Undine* (1811) populär geworden war und durch seine Verdichtungen nordischer Thematik (*Der Held des Nordens,* 1810) sein persönliches Interesse bestimmt gehabt hätte, hat er wohl sehr bedauert. Während er die drei anderen Dichter und Schriftsteller wohl kaum sehr vermißt haben kann. Aber die Veranstaltung der Literarischen Gesellschaft an diesem Abend war ja der Rückkehr Holteis aus Darmstadt gewidmet, wo er sich ein Jahr aufgehalten hatte.

Karl von Holtei (1798–1880) war in Breslau geboren, hatte eine akademische Laufbahn begonnen, die er aber aus Liebe zum Theater aufgab, um Schauspieler zu werden. Er debütierte dann auch 1819 als Mortimer in Schillers *Maria Stuart* auf der Breslauer Bühne, mußte aber wegen eines Unfalls die Schauspielerei wieder aufgeben und wurde Theatersekretär und Theaterdichter. 1823 siedelte er nach Berlin über und heiratete nach dem Tod seiner ersten Frau (1825) Julie Holzbecher (1809–1839), eine geborene Berlinerin, seit 1823 Mitglied des Königsstädtischen Theaters. Holtei selbst war ein eifriger Stückeschreiber, Verfasser von Romanen und Gedichten und gehörte mit zu den bekanntesten deutschen Dichtern jener Zeit. Daß er zudem ein hervorragender Vorleser war, hatte er an diesem Abend wieder einmal bewiesen und damit auch Andersen tief beeindruckt.

Der muß mit seinem Platz sehr zufrieden gewesen sein. Auf der einen Seite saß sein neuer Freund und Förderer Chamisso, der durch seine Kenntnisse der dänischen Sprache manche Fragen seines jungen Gastes verständlich beantworten konnte. Und zu seiner anderen Seite hatte ein Curtius Platz genommen. Julius Curtius (1802–1849), ein junger Berliner Dichter, war Redakteur an der *Spenerschen Zeitung,* die inoffiziell Haude-Spenersche Zeitung genannt wurde. Sie war aus den 1740 von Ambrosius Haude herausgegebenen *Berlinischen Nachrichten von Staats- und gelehrten Sachen* hervorgegangen. Das Blatt ging 1748 an Haudes Schwiegersohn Johann Carl Spener über und danach an dessen Sohn Johann Carl Philipp, der 1823 die erste Schnellpresse Deutschlands aufstellte. Damit hatte Andersen das Glück, in die Berliner Zeitungswelt eingeführt zu werden. Andersens Besuch in Berlins Literarischer Gesellschaft war für ihn also von doppelter Bedeutung. Zum einen wurde er der Elite Berliner Dichter und Schriftsteller vorgestellt, zum anderen wurde ihm mit großer Wahrscheinlichkeit Berlins Medienwelt erläutert.

Es ist erstaunlich, wie viele intensive Kulturerlebnisse Andersen in der relativ kurzen Zeit seines Berlin-Besuchs in sich hatte aufnehmen können. Aber er hatte auch die Menschen auf der Straße kennengelernt, den Berliner Witz gehört, mit dem er schon auf der Überfahrt nach Deutschland konfrontiert worden war, worüber er sich damals jedoch nicht weiter geäußert hatte. Nun, nach seinem Berlin-Besuch, weiß man, daß er ihn an Ort und Stelle mehrmals gehört und verstanden haben muß; denn in seinem kleinen Gedicht über Berlins Straßen und die Palais, spricht er ja davon: »Echten Berliner Witz man hat hier – Und der ist kostbar, das glaubet mir«… Auch von den Schattenseiten der großen Stadt hatte er etwas mitbekommen – in der »Straße der Sirenen«.

Ausschlaggebend und für seine geistige Tätigkeit überwiegend bestimmend blieben seine Erlebnisse in den Theatern der Stadt, in den Museen, in der Literarischen Gesellschaft und letztenendes sein großes Chamisso-Erlebnis. Angemerkt sei in diesem Zusammenhang, daß ein weiterer Faktor diesen ersten Berlin-Besuch des jungen dänischen Dichters so positiv beeinflußt hat: Berlin befand sich zum Zeitpunkt von Andersens Besuch auf dem besten Wege, Deutschlands Kulturhauptstadt zu werden.

ABSCHIED VON BERLIN

Der Gedanke, Berlin jetzt zu verlassen, brachte Andersen darauf, vorher noch ein kleines Gedicht zu schreiben. Das sollte kein Loblied auf all die großen kulturellen Erlebnisse werden, die ihm Preußens Hauptstadt geschenkt hatte, sondern nur ein paar lustige Verse über den vielen Sand, den er in Berlin und seinem Umland gesehen hatte. Kaum war Andersen am Morgen des 15. Juni aufgestanden, als er sich auch schon an den kleinen Tisch seines Zimmers setzt und folgendes schrieb:

PREUSSEN

Ja, Preußen wär' ein herrlich Land,
Hätt' es nur etwas wen'ger Sand
Und viel mehr grüne Wälder.
Doch nun – nun schreiben alle Mann,
Da hat den Sand man nötig dann,
Und sollt' ihn deshalb loben.

Ja, schrieb man weit're tausend Jahr
So fix wie heutzutage fürwahr
Bis ins Unendliche,
Und Preußen ständ als Sandhaus dann,
Reicht's noch an Sand für jedermann,
Und das will doch was sagen! [26]

Am selben Tag verabschiedete er sich von Freund und kaufte sich noch einen Hut, für den er einen Reichstaler und fünf Groschen bezahlte. Dann machte er sich auf den Weg zu Chamisso, von dem er überaus herzlich Abschied nahm. In seinem Tagebuch lesen wir darüber die Zeilen: »War bei Chamisso und sagte ihm Lebewohl. Er schrieb ein kleines Gedicht für mich, drückte mir einen Kuß auf jede Wange, und ich ging.«

Dieses kleine Gedicht veröffentlichte Andersen später in seinem Reisebuch *»Schattenbilder von einer Reise in den Harz«.* Es hat folgenden Wortlaut:

O lasset uns, in dieser düstern, bangen Zeit,
Wo hochanschwellend donnernd der Geschichte Strom,
Die starre, langgehegte Eisesdecke sprengt,
Das neue Leben unter Trümmern bricht hervor,
Und sich in Stürmen umgestalten will die Welt,
O lasset uns, ihr Freunde – rings verhallt das Lied,
Und unserm heitern Saitenspiele lauscht kein Ohr –
Dennoch die Göttergabe des Gesanges treu
In reinen Busen hegen, wahren, daß vielleicht
Wir hochergrauten Barden einst die Sonne noch
Mit Hochgesang begrüßen, welche das Gewölk,
Zerteilend die verjüngte Welt bescheinen wird.
Prophetisch, Freunde, bring ich dieses volle Glas,
Der fernen Zukunft einer andern Liederzeit. [27]

Nachdem Andersen die Postkutsche in Richtung Hamburg bestiegen hatte, schreibt er in seinem Reisebuch über alles, was er unterwegs erlebte. Es heißt dort u. a.: »Der Heimweg ging durch das Brandenburger Tor. Ich schickte der Siegesgöttin, die mit ihren stolzen ehernen Pferden ganz andere Szenen gesehen hatte als ich, ein Lebewohl hinauf. In ihren jungen Tagen soll sie so gestanden haben, als wenn sie aus Berlin hinaus fuhr. Aber als sie wirklich damit Ernst machte und sogar bis Paris fuhr, ließ man sie wieder zurücktransportieren und mit dem Gesicht zur Stadt aufstellen. Und es ist bestimmt auch besser, wenn der Sieg in die Stadt hineinzieht und nicht hinaus.« [28]

Hier merkt man sofort wieder den Dichter Andersen, der die Anekdote von der verkehrt aufgestellten Quadriga gleich zu ei-

Das Brandenburger Tor, durch das eine Eskadron
preußischer Kürassiere reitet. Stahlstich von Finden,
nach einer Zeichnung von Hintze. (Nach S. H. Spiker: Berlin
und seine Umgebung im 19. Jahrhundert, Berlin 1832).
Foto: Hans-Christian Barüske

ner kleinen Geschichte macht. Im übrigen aber scheint sich Andersen wohl einigermaßen mit den historischen Fakten der
Quadriga vertraut gemacht zu haben.

Man schrieb das Jahr 1789 als der preußische König Friedrich
Wilhelm II. (reg. 1786–1797) den Architekten und Leiter des
Oberbauamtes Carl Gotthard Langhans (1732–1808) nach dem
Abbruch des alten Brandenburger Tors mit der Neugestaltung
eines repräsentativen neuen Stadttors beauftragte. Darauf erhielt
der Bildhauer und Maler Johann Gottfried Schadow (1764–
1850) den Auftrag, eine Skulpturengruppe gleichsam als Krönung für das neu zu bauende Tor zu entwerfen. 1791 wurde das
neue Tor eingeweiht und 1793 Schadows Quadriga montiert.
Als dann die napoleonischen Kriege begannen, und der Korse
am 27. Oktober 1806 mit seinen Truppen seinen Siegeseinzug
durch das Brandenburger Tor in Preußens Hauptstadt hielt, hatte für die Quadriga die Stunde geschlagen. Im Dezember 1806
wurde sie auf Befehl Napoleons abmontiert und nach Paris gebracht, wo sie bis 1814 blieb.

Die Niederlage Napoleons bei Leipzig im Oktober 1813 be-
deutete dessen vorläufiges Ende. Er mußte abdanken. Die ver-
bündeten Preußen, Österreicher, Schweden, Briten und Russen
hatten ihn in einer gewaltigen Völkerschlacht besiegt.

1814 kam die Quadriga zurück nach Berlin, wo König Friedrich Wilhelm III. am 7. August 1814 mit seinen siegreichen Truppen den Einzug durch das Brandenburger Tor in seine Hauptstadt halten konnte.

Von alledem hatte der bildungshungrige dänische Dichter wohl einiges gewußt, als er der Siegesgöttin ein »Lebewohl« zuwinkte. Was er bei seiner Fahrt durch das Brandenburger Tor nicht wußte, war etwas, das sich auf seinen neuen väterlichen Freund und Förderer Adelbert von Chamisso bezog. Der soll nämlich einmal Dienst als wachhabender Offizier dort gemacht haben, bei dem er gegen militärische Vorschriften verstieß. Es ist ein Kommandanturbefehl vom 8. Dezember 1804 überliefert, in dem es u. a. heißt: »Da die Wacht … beim Einpassieren des Königs nicht in gehöriger Ordnung gewesen, und die Honneurs nicht gehörig gemacht worden, so soll der Lieutenant von Chamisso … in Arrest und ans Regiment gemeldet werden.«

Es wäre interessant zu wissen, was Andersen wohl bei Kenntnis des Kommandanturbefehls bezüglich dieses »militärischen Vergehens« seines neuen Berliner Freundes und Förderers geschrieben hätte.

Nach diesem kleinen Intermezzo mit der Siegesgöttin berichtet er in seinem Reisebuch noch über andere Erlebnisse und Beobachtungen, die er bei der Weiterreise gemacht hatte.

Sein Interesse für die Verschiedenartigkeit der Menschen machte sich auch jetzt wieder in der Postkutsche bemerkbar, in der die Reisenden dicht gedrängt saßen. Hier stimmte Andersen ganz und gar mit Goethe überein, der einmal schrieb »… der Mensch ist dem Menschen das Interessanteste …« (Lehrjahre II, 4). So nahm er zuerst einmal einen Bäcker aus Berlin aufs Korn. Der Mann litt furchtbar unter der Hitze und pustete und stöhnte fortwährend. Nicht nur die Hitze, setzte ihm so zu. Es war auch die Cholera, die in dieser Zeit in Berlin wütete, und vor der er schreckliche Angst hatte. Und so probierte er ständig gegen eine mögliche Infektion anzukämpfen, was er mit fünf Flaschen Wein versuchte, in denen, wie er der Reisegesellschaft versicherte, Choleratropfen sein sollten. Vorher hatte er seine Mitreisenden schon mit entsetzlichem Jodeln aus der Ruhe gebracht und schließlich »fürchterliche Gedichte über den Tod, den Satan und die Weiße Frau« zu deklamieren begonnen. Neben dem Bäcker saß ein Schneider, ein bleicher junger Mann, der bei jedem Vers, den der deklamierende Bäcker von sich gab, »jöttlich!« rief. Dann beobachte Andersen noch eine alte Dame, die er als Gouvernante bezeichnete. Er stellte fest, daß sie sehr vornehm aussah und ständig an einer Zitrone roch. Vermutlich roch es ihr zu schlecht in der Kutsche.

Die Enge in den Postkutschen jener Zeit machte Andersen häufig zu schaffen. Er nannte wohl deshalb diese »Verkehrsmittel« »wandernde Gefängnisse«. Das lange Fahren zwischen den dicht an dicht sitzenden Reisenden war dem ca. 1,85 Meter großen Dänen auf die Dauer kein Vergnügen. So mußte er seine langen Beine einmal tüchtig ausstrecken. Aber das war nicht so einfach. Schließlich gelang es ihm doch, sie zwischen zwei ihm gegenüber sitzende junge Menschen, Kinder eines Müllers, wie er schreibt, »zu bohren«. Das waren ein junger Mann und ein junges Mädchen, das er »die schöne Müllerin« nannte.

Die beiden schliefen und nickten dabei immer mit dem Kopf, wie das bei sitztenden Schlafenden oft üblich ist. Der Bäcker aber, der mit seinem Deklamieren immer noch nicht aufgehört hatte, sah das Nicken als Beifallsbekundung an und verstärkte daraufhin plötzlich seine Stimme so sehr, daß aus dem Nähbeutel der Gouvernante, den sie auf dem Schoß hielt, ein kohlrabenschwarzer Kopf emporschoß und fürchterlich zu kläffen begann. Das war der kleine Hund der Gouvernante, den sie in ihrem Nähbeutel versteckt hielt, weil man Hunde nicht in die Postkutsche mitnehmen durfte.

Durch diesen Lärm fuhren die schlafenden Geschwister und die »anderen Halbtoten«, wie Andersen erzählt, hoch und verfingen sich mit ihren Köpfen in dem vom Verdeck herunterhängenden großen Netz, worin Stöcke, Schirme und andere Reiseutensilien verstaut waren. »Die schöne Müllerin« hatte dort auch ein großes Papier mit weißem Puderzucker aufbewahrt, das jetzt auseinanderriß und den armen Bäcker überschüttete, so daß er wie eine sprudelnde Quelle im Gesicht aussah.

Nach diesem Zwischenfall ging die Fahrt weiter. Doch kaum waren sie wieder unterwegs, mußten die Pferde gewechselt werden, und die Reisenden konnten für kurze Zeit aussteigen. Andersen schreibt darüber in seinem Reisebuch: »Vor einem der schönen zweigeschossigen Gasthöfe mit geriffelten Pfeilern in der Mauer und schmucker Fassade, wie man sie an der Straße zwischen Berlin und Hamburg findet, hielten wir an.«[29]

Nachdem es sich die Reisegesellschaft in dem Gasthof etwas bequem gemacht hatte, vermißten sie plötzlich die Gouvernante. Sie war nicht mit den anderen ausgestiegen, weil sie im Wagen, ohne daß die anderen es bemerkt hatten, eingeschlafen war. Als sie dann doch aufwachte und die Leere im Wagen bemerkte, schrie sie schrill auf. Das hörten die Reisenden im Gasthof, stürzten hinaus, befreiten sie von ihren Ängsten, und die Fahrt ging weiter.

Andersen merkte nun wieder, daß die Straße sehr gut befahrbar war und schrieb später in sein Reisebuch: »Bald rollten wir wieder weiter! – Die preußischen Straßen sind herrlich, als wenn man über den Fußboden eines Wohnzimmers rollt.«[30]

Die Postkutsche erreichte nun die Grenze von Mecklenburg. Andersen war von der Landschaft begeistert: »Hier sahen wir wieder ordentliche Bäume, Eichen und Buchen. Das Korn wogte auf den Feldern. Ich träumte mich mitten in Seeland hinein.«[31]

Der dänische Romantiker Adam Oehlenschläger verewigte die Buche, die Dänemarks Nationalbaum ist, in seinem 1820 geschriebenen Gedicht *»Der er et yndigt Land«*, dessen erste Strophe in deutscher Übersetzung heißt:

Da ist ein schönes Land,
Es liegt mit breiten Buchen
Am salzigen Ostseestrand.
Es wechseln Hügeln dort und Tal,
Es heißt das alte Danmark,
Und es ist Freias Saal.

Dieses Gedicht, das Hans Ernst Krøyer (1798–1879) 1823 vertonte, wurde Dänemarks Nationalhymne.[32]

Der junge Andersen hatte zu Dänemarks großem Romantiker Adam Oehlenschläger, der übrigens deutscher Abstammung war, mancherlei Beziehungen. So unterzeichnete er 1828 beispielsweise – wie das damals üblich war – als Dekan der Philosophischen Fakultät der Kopenhagener Universität Andersens Abiturzeugnis.

Auch bekannte deutsche Persönlichkeiten waren von Dänemarks Buchen begeistert. So der spätere preußische König Friedrich Wilhelm IV. (reg. 1840–1858), der nach einem Besuch in Dänemark für die dortigen Buchenwälder schwärmte.

Andersen sah aber in Mecklenburg noch viel mehr. In Ludwigslust imponierte ihm beispielsweise das dortige Schloß und die schöne Parkanlage.

Die Reise ging nun weiter nach Hamburg, wo er am 17. Juni eintraf, einige Besuche machte, sich in der Stadt umsah und am 21. Juni wieder die Postkutsche bestieg – Richtung Lübeck. Eine böse Überrschung erwartete ihn als er seine Finanzen überprüfte. Er stellte fest, daß er nur noch 3½ Species hatte. Für das Geld konnte er kaum die Überfahrt bezahlen, geschweige denn zwei Tage in Lübeck logieren. Aber damit nicht genug. Als er in Lübeck mit dem Kapitän des Dampfschiffs »Prinzessin Wilhelmine« sprach und sich für die Überfahrt nach Kopenhagen anmelden wollte, schüttelte dieser den Kopf und erklärte ihm, daß er ihn nicht mitnehmen könne. Alle preußischen Länder seien unter Quarantäne gestellt. Da Andersen gerade aus Preußen kam, wie das ja auch in seinem Paß stand, lehnte der Kapitän sein Ersuchen ab.

Doch Andersen wußte sich zu helfen. In aller Eile suchte er den dänischen Gesandten in Lübeck auf und erklärte ihm seine Situation. Dieser schrieb etwas in den Paß und Andersen konnte an Bord gehen. Nach einer etwas stürmischen Überfahrt, gelangte er wohlbehalten in Kopenhagen an und saß auch bald wieder an seinen Schreibtisch.

NACHLESE

Zu Hause angekommen, überdachte Andersen noch einmal das Erlebte. Selbstverständlich nahmen die Naturschönheiten des Harzes eine dominierende Stelle in seinen Gedanken ein. Nach seinem ersten Reisebuch *»Fußreise vom Holmens Kanal zur Ostspitze von Amager in den Jahren 1828 und 1829«*, plante er ein zweites und besseres. Es dauerte auch gar nicht lange, bis er mit der Arbeit begann. Als Vorlage dienten ihm die Aufzeichnungen in seinem Tagebuch und selbstverständlich seine Erinnerungen. Es sieht aber so aus, als wenn er sich nicht immer an sein Tagebuch gehalten hat. Das wird besonders deutlich an einem Beispiel. Bevor Andersen Berlin verließ, hatte ihn Chamisso in die Literarische Gesellschaft eingeladen und dort einem Kreis illusterer Persönlichkeiten vorgestellt. Bei dem nachfolgenden Essen kam er zwischen Chamisso und dem Dichter und Redakteur Julius Curtius zu sitzen, ihm gegenüber saß der junge Dichter und Germanist Karl Simrock. In seinem Reisebuch aber stand später zu lesen: »Ich bekam einen Platz zwischen Chamisso und Simrock . . .«

Die Freundschaft mit Chamisso blieb zeit seines Lebens bestehen. Am Mittwoch, dem 4. März 1833 erschienen, wie versprochen, drei Gedichte im *Morgenblatt für Gebildete Stände* (Nº. 54), die Chamisso übersetzt hatte. In der zweispaltig gedruckten Zeitschrift hatte er auf der ersten Seite unter dem Titel *Drei Gedichte, aus dem Dänischen des H. C. Andersen* eine kurze Charakteristik des jungen Dänen und der Gedichte geschrieben, in der es heißt: »Das Deutsche und das Dänische sind Zweige eines und desselben Baumes: wir aber sind mit der Literatur der uns fremden französischen Sprache vertrauter, und werden mit deren Erzeugnissen schneller und allgemeiner bekannt, als mit denen der uns verschwisterten Sprachen. Frankreichs Überwiegenheit fesselt unsere Aufmerksamkeit und von seiner Rednerbühne schallt das Wort leicht hin durch unsere Marken.

H. C. Andersen, ein junger dänischer Dichter, hat in seiner Heimath Anerkennung gefunden, und verdient, daß sein Name zu uns herüber schalle. Zwei Gedichtssammlungen von ihm liegen uns vor: *Digte* 1830 und *Phantasier og Skizzer* 1831. Mit Witz, Laune, Humor, volksthümlicher Naivität begabt, hat er auch tiefere, Nachhall erweckende Töne in seiner Gewalt. Er versteht besonders, die Behaglichkeit aus wenigen leicht hingeworfenen, treffenden Züge kleine Bilder und Landschaften ins Leben zu rufen, die aber oft zu örtlich eigenthümlich sind, um den anzusprechen, der in der Heimat des Dichters nicht selbst heimisch ist. Vielleicht ist, was von ihm übersetzt werden konnte, oder übersetzt worden ist, am wenigsten geeignet, ein Bild von ihm zu geben.«

Danach folgten die drei Gedichte. Chamisso war sich nicht ganz im klaren darüber, ob diese dem deutschen Leser auch die dichterische Qualität des jungen Dänen vermitteln konnten, die er bereits beim Lesen der Originale erkannt hatte. Es sei hier erwähnt, daß Chamisso bereits in der Zeitschrift *Der Gesellschafter – Blätter für Herz und Geist* vom 15. August 1831 (S. 647) seine Übersetzung von Andersens Gedicht *Der Spielmann (Spilleman-den)* publiziert hatte, was wenig bekannt ist.

1.

DER SOLDAT

Es geht bei gedämpfter Trommelklang;
Wie weit noch die Stätte, der Weg wie lang!
O, käm' er zur Ruh' und wär' es vorbei!
Ich glaub', es bricht mir das Herz entzwei!

Ich hab' in der Welt nur ihn geliebt,
Nur ihn, dem jetzt man den Tod doch gibt,
Bei klingendem Spiele wird paradirt,
Dazu bin ich auch kommandirt.

Da schaut er auf zum letzten Mal
In Gottes Sonne freudigen Strahl;
Nun binden sie ihm die Augen zu –
Dir schenke Gott die ewige Ruh'!

Es haben die Neun wohl angelegt,
Acht Kugeln haben vorbei gefegt;
Sie zitterten Alle vor Jammer und Schmerz –
Ich aber, ich traf ihn mitten in's Herz.

2.

MUTTERTRAUM

Die Mutter betet herzig und schaut
Entzückt auf den schlummernden Kleinen;
Der ruht in der Wiege so sanft, so traut,
Ein Engel muß er ihr scheinen.

Sie küßt ihn und herzt ihn, sie hält sich kaum,
Vergessend der irdischen Schmerzen,
Es schweift in der Zukunft ihr Hoffnungstraum,
So träumen Mütter im Herzen.

Der Rab' indeß mit der Sippschaft sein
Kreischt draußen am Fenster die Weise:
Dein Engel, der wird ein Räuber sein,
Dein Engel – dient uns zur Speise!

3.

MÄRZVEILCHEN

Der Himmel wölbt sich rein und blau:
Der Reif stellt Blumen uns zur Schau.
Am Fenster prangt ein flimmernder Flor.
Ein Jüngling steht, ihn betrachtend, davor.
Und hinter den Blumen blühet gar
Ein blaues, ein lächelndes Augenpaar.
Märzveilchen, wie jener noch keine gesehn!
Der Reif wird angehaucht zergeh'n.
Eisblumen fangen zu schmelzen an
Und – Gott sey gnädig dem jungen Mann!

Das erste dieser drei Gedichte hatte Chamisso zweifellos mit einer gewissen Ergriffenheit gelesen; denn als früherer aktiver Offizier waren ihm wohl Exekutionen von Desserteuren und Soldaten, die sich anderer Vergehen schuldig gemacht hatten, nicht unbekannt.

Andersen hatte dieses Gedicht geschrieben, weil ihm ein Kindheitserlebnis nicht aus dem Kopf gehen wollte. Am 21. Oktober 1807 hatte Dänemark mit Napoleon ein Bündnis geschlossen. Der Grund dafür war Englands feindliche Haltung gegenüber dem Königreich Dänemark, das im August 1807 von einer britischen Flotte überfallen wurde, wobei Kopenhagen in Brand geschossen wurde, und die Engländer die dänisch-norwegische Flotte raubten. Dänemark war nun von französischen Truppen besetzt, die einen Übergang nach Schweden planten.

In Odense waren sowohl französische als auch spanische Hilfstruppen stationiert. Andersen schreibt darüber in seiner Autobiographie *Mit Livs Eventyr:* »Die französischen Soldaten galten als übermütig und wollten immer befehlen, die spanischen waren gutmütig und freundlich. Zwischen beiden war blutiger Haß. Die armen Spanier erregten meist Mitleid. – Eines Tages nahm mich ein spanischer Soldat auf den Arm und drückte mir ein Silberbild auf die Lippen, das er an seiner bloßen Brust trug.

Ich erinnere mich, daß meine Mutter deshalb wütend wurde; denn das sei etwas Katholisches sagte sie. Aber ich fand das Bild schön.

Und der fremde Mann, der mit mir herumtanzte, mich küßte und weinte – er hatte sicherlich zu Hause in Spanien selbst Kinder – gefiel mir.

Ich sah, wie einer seiner Kameraden zur Richtstätte geführt wurde.

Er hatte einen Franzosen ermordet. Viele Jahre danach schrieb ich in Erinnerung an dieses Erlebnis mein kleines Gedicht *Soldaten* (Der Soldat), das von Chamisso ins Deutsche übertragen und so volkstümlich wurde, daß es in das Buch *Soldatenlieder* als deutsches Original aufgenommen wurde.«[33]

Das ist die Entstehungsgeschichte eines Gedichts, das durch einen jungen dänischen Dichter nach Berlin gekommen war. Es wurde tatsächlich so volkstümlich, daß es noch weit über anderthalb Jahrhunderte in deutschen Anthologien erschien und obendrein auch noch vertont wurde. Als dessen Dichter aber trat Andersen kaum in Erscheinung. Immer konnte und kann man unter dem Titel Chamissos Namen lesen. Dabei hatte er das Gedicht nicht frei nachgestaltet, sondern sich an Andersens Text gehalten und sich nur Freiheiten erlaubt, die bei Gedichtsübertragungen unumgänglich sind. Doch Chamisso hatte daran keine Schuld. Er war ja bereits im *Morgenblatt für gebildete Stände* als Übersetzer genannt worden. Und hätten die verschiedenen Herausgeber das gelesen, wäre H. C. Andersen nicht allein durch seine später geschriebenen Märchen so berühmt geworden, sondern auch durch dieses ergreifende Gedicht, dessen Aktualität bis in unsere Tage reicht.

Wie man auch immer die erste deutsche Publikation der drei Gedichte und die von Chamisso geschriebenen Einführung beurteilt, fest steht, daß sie ein äußerst wichtiger Bestandteil der Vita des dänischen Dichters war. Aber nicht nur das. Chamisso wies mit seinen einleitenden Worten auch darauf hin, daß man sich in Deutschland vornehmlich für die »großen« Literaturen interessiere und die Literaturen »der uns verschwisterten Sprachen«, nämlich die der Skandinavier, kaum beachtet. Auch dieser Hinweis, ebenfalls ausgelöst durch Andersens ersten Besuch in Berlin, dürfte, so gering er äußerlich wirkt, literarhistorische Bedeutung haben. Gleichsam den Grundstein bildete für die spätere große Akzeptanz skandinavischer Literatur, die gegen Ende des 19. Jahrhunderts bei deutschen Verlegern einsetzte.

Chamisso aber blieb mit Andersen bis zu seinem Tod in Verbindung. Die beiden Dichter korrespondierten miteinander und tauschten ihre Bücher aus. Und so konnte es geschehen, daß Chamisso auch noch ein viertes Gedicht von seinem jungen dänischen Freund übertrug, das er in einem Brief vom 21. Juni 1836 angekündigt hatte. Andersen war auf diese Weise immer wieder mit Berlin und dem dortigen literarischen Leben verbunden, wobei allerdings anzumerken ist, daß Chamissos Feder äußerst kritisch war.

In seinem unter obigem Datum geschriebenen Brief heißt es: »Mit Freuden theuerster Freund, wünsche ich Ihnen Glück zu Ihrem *Improvisator* (dän. *Improvisatoren,* Roman von HCA, 1835), indem ich Ihnen meinen herzlichen Dank für so manche freundliche Erinnerung abstatte, die ich träg und unbeholfen unerwidert gelassen habe. Gar erfreulich wohlthuend ist das rein unschuldige, keusche, fromme Buch. Die Seite muß ich an ihm zuerst hervorheben, weil es so ganz im Gegensatz steht zu den hervorragenden Erzeugnissen der Zeit, die, wo sie auch Ehrfurcht erzwingen, höchst betrübend sind. Ich rechne dazu die französischen Romane, alle die mir zu Händen gekommen sind: Nôtre dame de Paris. La salamandr. La peau de chagrin. Le père Goriot. Un secret. L'âne mort et la femme guillotinée u. a. Zum Erschrecken durchschauende Blicke in die Verderbniß des menschlichen Herzens und der Gesellschaft, aber eine entgötterte Welt, eine Nacht, jenseits welcher keine Sonnen strahlen … Das sogenannte junge Deutschland hat nur durch die Entrüstung, die es erregt hat, Aufmerksamkeit erweckt . . .« In seinem langen, ausführlichen Brief nimmt er dann äußerst kritisch die zeitgenössische deutsche Literatur unter die Lupe und spricht u. a. von »schleppenden Erzählungen, in denen hölzerne Puppen die Träger sind, Papierfiguren ohne Fleisch und Blut, ohne Leben. – Hier wollen wir doch nicht den Heine einverstanden wissen. Der ist wohl ein Dichter bis in die Fingerspitzen . . .«

Und nach diesen überaus kritischen Bemerkungen kommt Chamisso wieder auf Andersen zurück und schreibt: »Auf solchem dunkeln Grund, woran ich erinnern mußte, nimmt sich Ihr helles Bild gar köstlich aus, und wir lieben es und den lieben Dichter, der es uns geschenkt hat. Alles ist frisch, lebendig und Liebe werth. Alles gefühlt und gesehen, und das Leben ohne die mir so oft verdrießliche Klugheit Tiecks, die recht geistreich auszukramen er blos Titularmenschen beauftragt, welche weder Fleisch noch Blut haben . . .«

Dann lobt er noch verschiedene Einzelheiten des Romans, weist, wie bereits erwähnt wurde, darauf hin, daß er stolz ist – er schreibt »eitel« –, Andersen zuerst in Deutschland eingeführt zu haben. Und schließlich hat er noch eine große Überraschung für seinen jungen Dichterkollegen, die er in folgendem kurzen Satz mitteilt: »Übrigens wird Ihnen der nächste deutsche Musenalmanach zeigen, daß ich noch Ihrer gedacht: *Bag Ellekrattet Nede.*«[34]

Damit meinte Chamisso ein großes Gedicht von Andersen, das er ins Deutsche übertragen und in der kommenden Nummer des von ihm herausgegebenen Deutschen Musenalmanachs für das Jahr 1837 zur Veröffentlichung vorgesehen hatte. Der Titel heißt in wörtlicher deutscher Übersetzung »Hinter dem Erlengebüsch dort unten«. Chamisso aber hat die Hauptperson des Gedichts als Titel verwendet. Und so kam es unter folgender Überschrift in den Almanach:

DER MÜLLERGESELL
frei nach dem Dänischen des Andersen

Ich hab in dieser Mühle schon gedienet als Kind,
Die Tage meiner Jugend mir hier entschwunden sind;
Wie war des Müllers Tochter so herzig und so traut,
Wie hat man zu den Augen ihr in das Herz geschaut.

Sie setzte sich vertraulich am Abend oft zu mir,
Wir sprachen viel zusammen und Alles sagt' ich ihr;
Sie theilte meinen Kummer und theilte meine Lust –
Das Eine nur verschwieg ich, die Lieb' in meiner Brust.

Das hätte sie gesehen, wenn selber sie geliebt.
Ist's denn das Wort, das arme, das die Verständ'gung gibt?
Ich sprach zu meinem Herzen: Laß fahren und sei still!
Für dich, du armer Bursche, sich's doch nicht schicken will.

Und wie ich still mich härmte', da sprach sie liebereich:
»Wie hast du dich verändert, wie bist du worden bleich?
Mußt wieder fröhlich werden! mir ist um dich so bang!«
So kam's, daß ich aus Liebe die Liebe selbst bezwang.

Sie kam mir nachgesprungen einst bei der Felsenwand,
Ihr Auge strahlte heller, sie faßte meine Hand:
Nun mußt du Glück mir wünschen, du grüßest eine Braut,
Und du, du bist der Erste, dem ich mein Glück vertraut.

Wie ich die Hand ihr küßte, verbarg ich mein Gesicht,
Es flossen meine Thränen und reden konnt ich nicht;
Es ward mir, als verschlänge vor mir zur selb'gen Stund'
Mein Denken und mein Hoffen, der Erde tiefster Grund.

Am Abend war Verlobung, wobei ich selber war;
Ich saß am Ehrenplatze vor dem beglückten Paar;
Man ließ die Gläser klingen und stimmte Lieder an;
Ich mußte fröhlich scheinen, da sie mich Alle sahn.

Es ging am andern Morgen mir in dem Kopf herum,
Inmitten ihrer Freude war ich verwirrt und stumm.
Was fehlte mir? Nur Eines! Es war so wundersam;
Sie liebten ja mich Alle, sie selbst, ihr Bräutigam.

Sie trugen mich auf Händen und wußten nicht mein Weh.
Wie sie einander liebten und kos'ten, daß ich's seh',
Kam mir die Lust, zu wandern weit in die Welt hinein.
Ich schnürte gleich mein Bündel; geschieden mußt' es sein.

Ich bat: Laßt jetzt mich sehen die Welt und ihre Lust,
Ich meinte nur: vergessen die Welt in meiner Brust.
Sie sah mich an und sagte: O Gott! was fällt dir ein?
Wir lieben dich so herzlich; wo kannst du besser sein?

Da stürzten meine Thränen. Dies Mal war's guter Brauch;
Man weint ja, wenn man scheidet; sie sagt' es selber auch.
Sie haben mich geleitet, als ich mich fortgemacht, -
Sie haben krank zum Sterben mich wieder heimgebracht.

Sie pflegen in der Mühle mich gar mit Zärtlichkeit,
Sie kommt mit ihrem Liebsten zu mir zu aller Zeit;
Im Juli wird die Hochzeit, sie aber wollen's so :
Ich soll mit ihnen ziehen und werden wieder froh.

Ich höre stumm dem Brausen des Wasserrades zu,
Und denke : Tief da unten, da fände ich erst die Ruh!
Dann wär' ich ohne Schmerzen und ledig aller Pein!
Das wollen ja die Beiden : ich soll zufrieden sein.

Es ist ein großes Melodrama, das Andersen sich hier vom Herzen geschrieben hat. Fast ein kleines Epos, das den tiefen Schmerz seiner unerwiderten Liebe zu Riborg Voigt widerspiegelt. Einer Liebe, die zeit seines Lebens tief in ihm verwurzelt blieb. Es ist Chamisso zu verdanken, daß es über Dänemarks Grenzen hinaus verbreitet wurde und zu einem weiteren Baustein im großen Werk Hans Christian Andersens wurde. So wie die Gedichte erstmals in Berlin publiziert wurden, so hatte auch diese deutsche Fassung ihren Ursprung in Preußens Hauptstadt.

Dort, wo ein zum Berliner gewordener französischer Emigrant in einem jungen Besucher aus Dänemark einen kommenden großen Dichter erkannt hatte.

Allzu lange aber sollten die überaus herzlichen Beziehungen des Berliners zu dem Dänen in Kopenhagen nicht mehr bestehen. Chamisso war schon damals ein kranker Mann. Und das nicht nur physisch. Der Tod seiner Frau Antonie, die ihm sieben Kinder geschenkt hatte, am 21. Mai 1837, belastete ihn auch psychisch. Doch er brachte noch die Kraft auf, Andersen einen Brief zu schreiben, den er durch einen befreundeten Studenten, namens Johannes Horkel, überbringen ließ. Am 5. August 1838 schreibt er: »Theuerster verehrter Freund! Sie haben einen müden alten kranken Mann, mich, mit *Nur ein Geiger* (dän. *Kun en Spillemand*, Roman v. A. 1837) hocherfreut, und ich sage Ihnen für das freundliche Geschenk meinen aufrichtigen Dank. Das ist wieder die volle wunderherrliche Poesie der Kinderjahre – unvergleichlich. Das macht Ihnen keiner nach in unserer gehegelten wiederwärtigen Zeit. Sie gehören billig zu den Lieblingsschriftstellern Deutschlands.«

Chamisso legte dem Brief dann noch seine neuen freien Übertragungen seines französischen Lieblingsdichters Pierre Jean Béranger (1780–1857) bei, empfahl ihm neue literarische Werke von Simrock, Freiligrath und Rückert und schrieb dann noch, daß es des Mittelguten viel gebe »aber des Schlechten eine Sündfluth, und ich spare die Tinte.« Er schloß den Brief mit den Worten: »Leben Sie wohl, mein sehr theurer Freund, und bleiben Sie jung, gesund und zufrieden.«[35]

ANDERSEN ARBEITET ZU HAUSE AN NEUEN WERKEN

Nachdem Andersen mit seinem zweiten Reisebuch fertig geworden war, quälten ihn Zweifel: Hatte er mit seinem neuen Werk das erste auch wirklich übertroffen? Würden Kritiker es verreißen und damit vielleicht seine Dichterlaufbahn beenden? Doch er mußte sich der Herausforderung stellen. Im August und September des Jahres 1831 arbeitete er fleißig am Manuskript und schickte seinem Freund Edvard Collin, dem Sohn seines »Vaters«, der sich damals nach seinem gerade bestandenen juristischen Staatsexamen in Jütland aufhielt, einige seiner Gedichte. Diese sollten in seinem neuen Buch aufgenommen werden. Gleichzeitig wollte er sich von Edvard wegen der Drucklegung beraten lassen. Andersen konnte bisher nur wenige Erfahrungen im Verlagsgeschäft sammeln. Wer für ihn der beste Verleger sein könnte, wußte er damals immer noch nicht. In seinem Brief an Edvard Collin vom 18. Juli 1831 heißt es u. a.: »Es ist unerfreulich, Subskribenten zu sammeln ... ich möchte deshalb einen Verleger haben, aber wen? Wieviel müßte ich für einen Bogen haben? Wie soll ich darüber reden? – Was, wie und auf welche Weise?« – Und dann bittet er ihn um schnelle Antwort, weil er nicht mehr lange warten kann und schreibt noch den Satz: »Es ist nicht schön, daß ich nicht selber über meine Angelegenheiten sprechen kann.«[36]

Edvard Collin antwortete ihm sofort und empfahl den Verleger Reitzel, den er fragen sollte, wieviel er für einen Bogen zahlen würde. Doch er ermahnte ihn auch: »Aber schließen Sie keinen Vertrag ab, bevor Sie mich nicht näher davon unterrichtet haben.« – Übrigens das »Sie« unter den Freunden blieb noch lange bestehen.

Irgendwie hatte Edvard Collins Brief sein Selbstbewußtsein gestärkt. Am 20. August schrieb er seinem Freund: »... ging zu Reitzel und verkaufte ihm die ganze Kladde für 150 Reichstaler, wovon ich 100 Reichstaler sofort als Vorschuß erhielt.«

Es dauerte auch nicht lange, bis das Buch herauskam. Am 19. September 1831, nur wenige Monate nach seiner Rückkehr aus Deutschland, erschien Andersens neuestes Werk *Skyggebilleder af en Reise til Harzen ... (Schattenbilder von einer Reise in den Harz ...)*. So erfuhr man in Dänemark schnell, was der junge Dichter in Deutschland erlebte. Und welchen Erfolg er in Berlin hatte. Denn obwohl sich der Titel auf den Harz bezieht, allerdings mit dem Zusatz »... die Sächsische Schweiz etc. etc.« räumte Andersen Berlin doch einen wichtigen Abschnitt ein. Er schreibt ja auch deutlich, daß dort, in Preußens Hauptstadt, der eigentliche Beginn seiner überregionalen Bedeutung als dänischer Dichter lag.

Es steht außer Frage, daß bei diesem Werk Heine mit seinem ersten Band seiner *Reisebilder* (mit der Harzreise) Pate gestanden hat. Aber es ist doch durch und durch ein Andersen-Buch.

Die *Schattenbilder* wurden gut aufgenommen. Es gab jedoch damals einen Kritiker in Dänemark, der überaus pedantisch versuchte, Andersen etwas am Zeuge zu flicken. Christian Molbech (1783–1857), Historiker, Sprachforscher, Professor an Kopenhagens Universität und Bibliothekar an der Königlichen Bibliothek hatte sich die *Schattenbilder* vorgenommen und schrieb nun eine Kritik die in der Zeitschrift *Maanedsskriftet* veröffentlicht wurde. (Bd. 6, 1831, S. 483–492)

Es heißt darin u. a.: »Auch die übliche fragmentarische Eile und das Überspringen von einem Gegenstand, einer Situation oder eines Gefühls zum anderen, finden wir in der ›Reise‹ wieder. Es gibt eine ganze Galerie von Skizzen, entworfen im Zeichenbuch des Reisenden, von denen aber knapp eine einzige ausgeführt oder deren Inhalt ausgeschöpft wurde.«

Ein Literaturhistoriker und Verleger des 20. Jahrhunderts, Cai Mogens Woel (1895–1963), schrieb in Hinblick auf diese Passage des Kritikers u. a.: »Während einer Reise bewegt man sich ja oft von Ort zu Ort, ohne sich lange in Einzelheiten vertiefen zu können. In einem solchen Buch muß der Autor ja gerade von einem zum anderen springen … Liest man heute, über hundert Jahre nach dem Erscheinen diese *Schattenbilder* – der Titel deutet ja gerade das Hastige, das Flüchtige an, welches das Charakteristikum der Reise ist –, dann nimmt es einen völlig gefangen, wie frisch und lebendig sie wirken, wie intim man viele der Schilderungen fühlt, wie voller Atmosphäre die kleinen norddeutschen und süddeutschen Städte geschildert sind, aufs Papier mit fliegender Feder gesetzt. Aber so sinnlich und präzis gestaltet, daß wir uns gleichsam zu ihnen hinriechen können.« (Cai Mogens Woel: H. C. Andersens Liv og Digtning. I. København 1949. S. 330).

Molbech aber hatte noch so manches Grammatikalische und Orthographische an dem Buch auszusetzen, sodaß sich Andersen noch lange über ihn ärgern mußte. In seinem Tagebuch vom 27. März 1834 schreibt er, daß er von seinem Freund Christian Voigt, dem Bruder seiner großen, unerwiderten Liebe, Riborg, einen Brief erhalten habe – Andersen befand sich damals gerade in Rom –, in dem Christian von Molbechs Kritik spricht. Es heißt in der Tagebucheintragung: »Ich habe heute einen Brief von meinem lieben Voigt bekommen. Er spricht von Molbechs Kritik. Es sollte Sache der Kritik sein: mit Liebe zur Kunst sich am Guten zu erfreuen und mit einer Art Schmerz das Verfehlte berühren, das Schlechte sollte ganz übergangen werden. Aber zu Hause setzt sich so ein kalter Kerl, der keinen Funken lyrischen Gefühls hat, an die Arbeit, will alles unter seinem Hut haben, freut sich nur, wenn er etwas findet, von dem er meint, daß es schlecht sei. – Laßt mich meiner Natur folgen. Warum soll ich mit der Mode mitgehen. Schlendre ich meinen eigenen Gang, so ist es doch natürlich. – Weil er seine Nüsse nicht auf meinem Baum findet, sondern Äpfel, ist der Baum doch nicht zu verachten.«[37]

Obwohl das Reisebuch als Andersens Hauptwerk in der Zeit nach seiner Rückkehr aus Deutschland angesehen werden muß, war es nicht die einzige Arbeit in den Jahren 1831 bis zur nächsten 1833 beginnenden großen Auslandsreise. Ende 1831 gab er einen Band mit dem Titel *Vignetter til danske Digtere (Dänische*

Dichtervignetten) heraus, der am Heiligen Abend 1831 bei Reitzel erschien, auf dem Titel aber die Jahreszahl 1832 trug. In diesem äußerst ansprechendem Werk sind 75 kleine Gedichte dänischer Dichter mit epigrammatischem Charakter versammelt, von Arrebo (1587–1637) bis in Andersens Zeit. Diese Sammlung zeugt von außerordentlicher Kenntnis dänischer Literatur des Herausgebers.

Wie berichtet, war von frühester Jugend an das Theater für Andersen von großer Bedeutung. So ist es zu verstehen, daß er sich auch mit dem Stückeschreiben beschäftigte. Es waren allerdings keine Dramen oder Komödien großen Stils, die seiner Feder entsprangen, sondern Libretti. So u. a. zu *Die Braut von Lammermoor*, die der dänische Komponist Ivar Bredal (1800–1864) nach Walter Scotts Roman in Töne umgesetzt hatte.

Aufgeführt wurde *Die Braut* im Mai 1832 unter großem Beifall des Publikums. Der Kritiker Christian Wilster (1797–1840) sah das allerdings anders: »Ungefähr die Hälfte des Stücks ist wörtlich von Pastor Boyes Übersetzung des Romans von Walter Scott abgeschrieben . . .«, heißt es u. a. in seiner in der *Maanedsskriftet* veröffentlichten Rezension (Bd. 9, 1833, S. 191–195).

Andersen hatte noch weitere Libretti geschrieben. So zu der Oper des Komponisten C. E. F. Weyse (1774–1842) *Das Fest auf Kenilworth*, die auch zur Aufführung kam.

Mit dem Schreiben von Operntexten hatte Andersen bereits 1830 begonnen. Er hatte damals die Übersetzung einer Maskenkomödie des italienischen Dichters Carlo Gozzi (1772–1806) gelesen, die den Titel *Il Corvo* trug. Die Übersetzung stammte von Andersens altem Lehrer Simon Meisling (1787–1856), der Rektor der Lateinschulen in Slagelse und Helsingør war, und den Andersen nicht gerade in guter Erinnerung hatte. Andersen fand den Stoff gut für eine Oper, arbeitete dafür einen Text aus, den er, dem Originaltitel entsprechend, *Ravnen (Der Rabe)* nannte, und bekam den jungen Komponisten J. P. E. Hartmann (1805–1900) dazu, ihn in Musik umzusetzen. Nachdem Andersen den Text abgeschlossen hatte, reichte er ihn beim Königlichen Theater ein, wo ihn Christian Molbech, der dafür zuständig war, für eine spätere Aufführung annahm, da die Komposition noch nicht vorlag. Die Oper wurde auch tatsächlich 1832 aufgeführt. Aber viel Glück hatte Andersen damit auch nicht.

Es war ja jene Zeit, in der er sich durch die vielen negativen Kritiken äußerst beleidigt fühlte. Und es waren nicht nur die »offiziellen« Kritiken, die ihn schmerzten. Er bekam auch anonyme Post. Im *Märchen meines Lebens* schreibt er darüber wie folgt: »Anonyme Angriffe, plump mit der Fußpost mir zugesandte Briefe, in welchen unbekannte Größen mich auf die roheste und kindischste Weise verhöhnten und verspotteten, gehörten zu diesem meinen Lebensabschnitt. Indessen wagte ich es doch im selben Jahr, noch eine neue Gedichtssammlung herauszugeben: *Aarets tolv Maaneder (Die zwölf Monate des Jahres).«*

Diese Sammlung wurde später von der Kritik gelobt. Es hieß, daß sie mehrere seiner besten lyrischen Gedichte enthalte. Zum Zeitpunkt des Erscheinens (1832) kam sie ins Fahrwasser der anderen negativen Kritiken. In Andersens Autobiographie heißt es: »Aber damals wurde die Sammlung allgemein abgelehnt und danach gestoßen.« An anderer Stelle zitiert Andersen ein Sprichwort: »Wenn der Wagen kippt, schieben alle nach.«

Das nächste Jahr 1832 war für Andersen auch in manch anderer Hinsicht von bedrückenden Unannehmlichkeiten durchzogen. So hatte er im Sommer dieses Jahres seine Mutter in Odense besucht, die dort in einem Spital lag. Er hätte sie gern in eine bequeme Wohnung auf dem Land untergebracht. Aber niemand wollte sie haben. Sie war nach dem frühen Tod ihres Mannes (1816) in späteren Jahren der Trunksucht verfallen, was vermutlich der Grund der Ablehnungen war. Sie starb 1833. Andersen erhielt die Nachricht von ihrem Tod in Rom.

Zu all diesen bedrückenden Ereignissen kam ein neues Liebesverhältnis, das für ihn, man möchte fast sagen: natürlich scheiterte. Es war Louise Collin (1813–1898), jüngste Tochter von Jonas Collin, mit der er sich oft unterhalten hatte, und von der er den Eindruck hatte, daß sie ihm gerne zuhörte und ihm zugetan war. Aber die Collins hatten Andersens Interesse für Louise wohl bemerkt und versuchten mit allen Mitteln sie von ihm fernzuhalten. Und als die Collins in ihr Sommerhaus außerhalb von Kopenhagen zogen, und Andersen, wie Louise es gewünscht hatte, ihr Briefe schickte, kam kein Briefaustausch zustande. Da faßte Andersen den Entschluß, seine Kindheits- und Jugenderlebnisse für Louise aufzuschreiben. Er lieh ihr das Manuskript am 27. Oktober 1832. Es bestand aus 81 Bogen im Oktav-Format. Aber es kam keine Reaktion von ihr. Vorher, am 21. September, hatte er ihr bereits einen Brief geschickt, in dem es hieß: »Tag für Tag wird alles um mich herum mehr und mehr Poesie, mein ganzes Leben erscheint mir wie ein poetisches Gedicht. Und Sie beginnen darin eine besondere Rolle zu spielen. Deshalb sind Sie doch wohl nicht böse?«

Nachdem die Collins von ihren Sommerferien zurückgekommen waren, sorgten sie dafür, daß Louise nicht allein mit Andersen zusammenkam. Die Aufzeichnungen gab Andersen seinem Freund und Bruder von Louise. Sie wurden erst 1926 von dem Literaturhistoriker Professor Hans Brix (1870–1961) in der

Manuskriptsammlung der Königlichen Bibliothek entdeckt und von ihm unter dem Titel *H. C. Andersens Levnedsbog (H. C. Andersens Lebensbuch)* herausgegeben.

Wie oft muß bei all diesen Kritiken und Angriffen Andersen wohl die Erinnerung an Berlin gekommen sein, wo Chamisso ihn, den in Deutschland völlig unbekannten jungen dänischen Dichter, so schnell als begabt erkannt hatte, ihn übersetzte und publizierte und ihn mit einer Gesellschaft bedeutender Berliner Kultur-Persönlichkeiten bekanntmachte.

Vermutlich wurde da sein Wunsch, auf Reisen zu gehen wieder lebendig; denn das später einmal zu Papier gebrachte Wort »Reisen heißt Leben«, war schon damals eines seiner Lebensinhalte. Aber zum Reisen benötigt man Geld. In seiner Autobiographie offenbarte er später einmal seine damaligen finanziellen Verhältnisse. Es heißt dort im ersten Band, Seite 114: »Von Ende 1828 bis 1839 mußte ich mich einzig und allein von dem ernähren, was ich durch Schreiben verdienen konnte. Das Honorar war nicht groß. Es fiel mir schwer, durchzukommen.«

In dieser Situation war wohl kaum daran zu denken, eine größere Reise ins Ausland zu unternehmen. Besondere Hilfe versprach er sich vom König. Also bat Andersen um Audienz bei Frederik VI. (reg. 1808 bis 1839) und um die Erlaubnis, der dänischen Majestät seinen neuesten Gedichtsband dedizieren zu dürfen. Die Audienz bekam er dann auch im Dezember 1832. Andersen hatte gehört, daß ein Dichter, wenn er seinen König um ein Stipendium bitten wollte, ihm ein Buch mitbringen müsse. Das war Andersen allerdings höchst peinlich. Aber es blieb ihm wohl nichts anderes übrig.

Und als er schließlich vor seinem König stand, bekam er heftiges Herzklopfen und wurde so nervös, daß er zuerst kaum ein Wort hervorbringen konnte. In seiner Autobiographie beschreibt er diese seine erste Begegnung mit der dänischen Majestät: »Höchst komisch ist sicherlich mein Eintritt gewesen. Mein Herz schlug vor Angst. Und als der König auf seine eigentümliche Art rasch auf mich zutrat und mich fragte, was das für ein Buch sei, antwortete ich: ›Ein Zyklus von Gedichten!‹ ›Zyklus! Zyklus! Was meinen Sie?‹ – Da wurde ich ganz verzagt und sagte: ›Es sind einige Verse über Dänemark.‹ – Er lächelte: ›Nun, nun, das kann ja etwas sehr Gutes sein! Danke, danke!‹«

Damit sollte die Audienz beendet sein? Aber er hatte ja noch gar nicht sein eigentliches Anliegen vorgetragen. Da schöpfte er plötzlich Mut und sagte, er hätte seinem König noch vieles mitzuteilen und begann frisch drauflos zu erzählen. Von seinen Arbeiten und Studien, und wie er sich bis jetzt durchgeschlagen hatte.

Und als er den König bat, ihm ein Reisestipendium zu bewilligen, sagte er: »Nun, so bringen Sie ein Gesuch!« – Aber das hatte Andersen bereits in der Tasche. In seiner Autobiographie schreibt er weiter: »Ja, Euer Majestät, rief ich jetzt in meiner ganzen Natürlichkeit, das habe ich schon mit! Und ich finde es selbst so schrecklich, daß ich es zugleich mit dem Buch bringe. Aber man hat mir gesagt, daß ich es so tun müßte. Das wäre so üblich. Doch ich finde es so abscheulich. Es ist mir so gegen die Natur! Die Tränen stiegen mir in die Augen. Der gute König lachte ganz laut, nickte freundlich und nahm das Gesuch an. Ich verbeugte mich und rannte in großer Eile fort.«[38]

Nachdem sich Andersen noch einige Zeugnisse und Empfehlungsschreiben von bekannten Persönlichkeiten hatte ausstellen lassen, begann die Zeit des Wartens in der er immer nervöser wurde und schließlich die Ablehnung seines Gesuchs befürchtete. Nach ungefähr vier Monaten hatte er dann endlich Gewißheit. Am 13. April 1833 erhielt er durch königliche Resolution ein Stipendium von jährlich 600 Reichstalern für zwei Jahre, das 1834 im April mit 200 Reichstalern erhöht wurde.

ANDERSENS ZWEITE GROSSE AUSLANDSREISE 1833–1834

Am Montag, dem 22. April 1833, ließ sich Andersen zum Kopenhagener Hafen fahren, um dort an Bord eines Schiffes zu gehen, das ihn nach Deutschland bringen sollte. Wie immer hatte er viel Gepäck mit, in dem sich auch stets ein langes Seil befand. Andersen hatte panische Angst vor Hotelbränden. So hoffte er, sich im Notfall mit dem Seil aus dem Fenster lassen zu können.

Der Abschied von seinen ihn begleitenden Freunden fiel ihm außerordentlich schwer. »Ich war beim Abschied unendlich tief gerührt«, schreibt er in seiner Autobiographie, »und mein Gebet zu Gott lautete ganz innig, ich möge mich draußen weiterentwickeln und an Tüchtigkeit zunehmen, so daß ich ein ehrenhaft wahres Dichterwerk schaffen kann, oder niemals mehr zurückkehren werde, sondern in fremdem Lande sterbe, fern von Dänemark.« Beim Ablegen des Dampfschiffs »Frederik VI.« winkte er seinen Freunden noch lange zu. Das Schiff nahm Kurs auf Lübeck. In seiner Autobiographie heißt es weiter: »Ich sah Kopenhagens Türme schwinden, und wir näherten uns den Kreidefelsen der Insel Møn. Da brachte mir der Kapitän einen Brief und sagte scherzhaft: ›Der kam gerade durch die Luft‹ Es waren ein paar Worte. Ein lieber Gruß von Edvard Collin. Auf der Höhe von Falster kam ein neuer Brief von einem anderen meiner Freunde. Um die Schlafenszeit traf ein dritter ein. Und in der Morgenstunde kam vor Travemünde noch ein vierter. ›Alle durch die Luft‹, sagte der Kapitän. Meine Freunde, liebevoll und teilnehmend, hatten ihm die Tasche damit vollgestopft.«[39]

Andersens Hauptziel war bei dieser Reise nicht Deutschland, sondern Italien. Dort, wo sich so mancher Künstler zeitweise niedergelassen hatte, wo sich in Rom eine kleine aber bedeutende Künstlerkolonie gebildet hatte, wo Goethe einige Jahre lebte und Andersens Landsmann Bertel Thorvaldsen ein Atelier hatte.

Aber zuerst hatte Andersen noch einiges in Hamburg vor, wo er am 23. April angekommen. Dort besuchte er bald den dänischen Dichter und Übersetzer Laurids Kruse (1778–1839), der 1820 nach Deutschland gegangen war und sich hier niedergelassen hatte. Kruse war der Verfasser von Tragödien und dem Roman *Syv Aar (Sieben Jahre)*, von dem Andersen schrieb, daß es »ein oft gelesenes und gut besprochenes Buch sei«. Kruse aber war später bald vergessen. Bei seinem Abschied schrieb er Andersen ein kleines Gedicht in sein Album:

> Bleib wie Du bist – treu der Natur und Wahrheit.
> Stets froh im Herzen, in der Sache Klarheit.
> Bleib dänisch, wo das Dänische nicht klingt.
> Und europäisch, wenn dein Schiff zurück Dich bringt!

Andersen hatte noch allerlei in Hamburg zu erledigen, reiste dann ins Königreich Hannover und von dort über Frankfurt am Main nach Mainz, von wo er eine Rheinfahrt nach Koblenz machte, und von dort weiter nach Saarbrücken. Über die Rheinfahrt schreibt er in seinem Tagebuch: »Es ist ein lebendiges Märchen auf dem Rhein zu fahren. Die Ritterburgen wie begeisternde Trauben der Erinnerung auf den grünen Weinbergen.« Von Saarbrücken ging es nun in einer dreitägigen Reise nach Paris, wo Andersen mit Heinrich Heine und Victor Hugo zusammenkommt. Die Schweiz ist das nächste Ziel. Und von dort erreicht er endlich Italien. Die Kutsche trifft am 19. September an der Grenze ein. Pavia, Genua und Pisa sind Stationen der Reise.

Am 18. Oktober kommt er dann glücklich in der Ewigen Stadt an. Die vielen Erlebnisse, die er dort hatte, erfüllten ganz und gar sein Herz. Sie wurden nur getrübt durch einen Brief des alten Collin, der ihn am 16. Dezember erreichte, und in dem die traurige Nachricht stand, daß seine Mutter am 7. Oktober gestorben war.

Gleich am ersten Tag in Rom hatte Andersen das Glück, an einer großen feierlichen Veranstaltung teilzunehmen. Es war Raffaels zweite Beisetzung im Pantheon. In seinem Tagebuch heißt es unter dem Datum des 19. Oktober 1833: »In der Akademie (Accademia di S. Luca) wurde ein Totenschädel aufbewahrt, den man für Raffaels ausgab. Um sich nun davon zu überzeugen, öffnete man das Grab und fand ihn voll und ganz vor. Nun mußte die Leiche ja wieder beigesetzt werden, und das geschah an jenem Abend im Pantheon. Wir bekamen Billetts. Es war ein herrliches Gewölbe. Auf einem schwarzen Podest stand, mit einem güldenen Tuch bedeckt, der Mahagoni-Sarg. Die Priester sangen ein Miserere. Der Sarg wurde geöffnet. Und man legte die vorgelesenen Mitteilungen über ihn hinein. Dann wurde der Sarg versiegelt, indes ein unsichtbarer Chor wunderschön sang. Ich sah Thorvaldsen mit einer Wachskerze in der Hand, genau so, wie die anderen ersten Männer...«

Thorvaldsen war damals bereits Präsident der römischen Accademia di San Lucca, wozu er am 16. Dezember 1827 gewählt worden war.

Schon am nächsten Tag nach der feierlichen Veranstaltung im Pantheon, bei der Andersen Thorvaldsen nicht begrüßt hatte, suchte er seinen Landsmann in dessen Wohnung in der Via Sistina Nr. 148, der Casa Buti, auf. Dort wohnte Thorvaldsen seit 1800. Kurze Zeit nach diesem Besuch konnte sich Andersen in einem schräg gegenüberliegende Haus einmieten. Dieses Haus trägt heute, genauso wie das von Thorvaldsen, eine Gedenktafel.

Thorvaldsen, 65 Jahre alt, nahm seinen Landsmann mit großer Herzlichkeit auf. Es war das erstemal, daß Andersen den großen und hochberühmten Bildhauer kennenlernte.

Nur einmal war er ihm in Kopenhagen begegnet, als er als ganz junger Mensch durch die Straßen der Stadt schlenderte. »Und ich wußte«, schreibt er in seiner Autobiographie, »daß das ein bedeutender Mann in der Kunst war. Ich schaute ihn an. Grüßte ihn, und er ging vorbei. Drehte sich aber plötzlich um, kam auf mich zu und sagte, wo hab ich Sie früher schon mal gesehen? Ich meine, wir kennen einander.« – Und Andersen antwortete: »Nein, wir kennen uns gar nicht.«

Diese Geschichte erzählte Andersen nun dem großen Meister. Und der mußte herzhaft lachen, drückte seinem Gast die Hand und sagte: »Wir haben wohl damals doch gefühlt, daß wir gute Freunde werden sollten.«

Thorvaldsen zeigte Andersen nun seine Gemäldesammlung und eigene Kunstwerke, und dann unterhielten sie sich sicher-

Bertel Thorvaldsen. Moderne Bronzemedaille von
Harald Salomon (1900–1990). Slg. des Autors.
Foto: Hans-Christin Barüske

lich noch eine Zeitlang. Es ist anzunehmen, daß sie auch über
Berlin sprachen. Thorvaldsen war 1820 in der preußischen
Hauptstadt gewesen. Er hatte eine Reise nach Warschau unterbrochen, weil er in Berlin seinen Freund, den Bildhauer Christian Rauch besuchen wollte. Volle acht Tage blieb er in Berlin.
Und in Begleitung von Rauch und anderen Berliner Freunden
besuchte er täglich die verschiedenen Ausstellungen und Ate-
liers. Gern hätte er auch um eine Audienz bei König Friedrich
Wilhelm III. gebeten, aber die preußische Majestät war nicht in
der Stadt. Dafür aber konnte er in dem damals neuen Theater
eine Kunstausstellung sehen, wo seine Skulpturen Merkur und
Amor in Gipsabgüssen von vielen Besuchern bewundert wurden. Am 3. September gaben ihm dann die ersten Berliner
Künstler bis Potsdam das Geleit, von wo er später nach Dresden
reiste.

Die Beziehungen Thorvaldsens zu Berlin bekamen 1825 noch einen besonderen Charakter. Am 20. Januar dieses Jahres verlieh ihm König Friedrich Wilhelm III. den preußischen Roten Adlerorden 3. Klasse, der auch als Ritterkreuz des Ordens bezeichnet wird. Wie Thorvaldsens Biograph Just Mathias Thiele (1795–1874) schreibt, soll die Verleihung aufgrund einer Zusammenarbeit Thorvaldsens mit dem preußischen Architekten Schinkel stattgefunden haben und den Beziehungen zu der Familie von Johann Gottlieb Schadow (1764–1850), dessen ältester, früh verstorbener Sohn Rudolf Thorvaldsens Schüler in Rom war. Aber Thorvaldsen war in Berlin kein Unbekannter, wie das ja auch aus seinem oben erwähnten Berlin-Besuch hervorgeht. Bereits 1817 hatte König Friedrich Wilhelm einen Bronzeabguß der Statue »Der sitzende Knabe« von ihm erworben. Letztenendes ausschlaggebend war wohl die Tatsache, daß Thorvaldsen bereits in Dänemark (1810), Sizilien (1814), Österreich (1819) und Rußland (1823) Ordensauszeichnungen erhalten hatte. Und diesen Staaten wollte der preußische König wohl nicht nachstehen. Vorausschauend sei hier hinzugefügt, daß Thorvaldsen einer der ersten ausländischen Künstler war, der, 1842, dem Jahr der Stiftung des höchsten preußischen Kulturordens – des Pour le mérite für Wissenschaften und Künste – diesen von König Friedrich Wilhelm IV. verliehen bekam. Und bereits ein Jahr nach Thorvaldsens Tod (1844) erschien in Berlin H. C. Andersens Schrift *Bertel Thorvaldsen – Eine biographische Skizze. Aus dem Dänischen übertragen von Julius Reuscher.* Andersen hatte nun den großen Thorvaldsen in seiner römischen Wahlheimat kennengelernt und ihn als Freund gewonnen.

Für sein dichterisches Schaffen gewann er in Rom die Idee und den Stoff für seinen berühmten Roman *Der Improvisator* (dän. *Improvisatoren*), der 1835 erschien, im selben Jahr wie seine ersten Märchen. Es war der erste modern erzählte Roman der dänischen Literatur, dem Chamisso ein blendendes Zeugnis ausstellte und dessen Übersetzung ins Deutsche auch nicht lange auf sich warten ließ.

Andersen hatte in Rom natürlich ein großes Programm ausgearbeitet. Nachdem er am Karneval teilgenommen hatte und oft im Cafè Greco war, wo sich viele Künstler trafen und auch Goethe zu Gast gewesen war, machte er Ausflüge nach Neapel, Pompeji, Paestum, Capri, Ischia und später auch nach Florenz, Bologna, Ferrara, Padua, Venedig und Trient (Trento).

Vier Monate hatte sich Andersen in Italien aufgehalten. Es war wohl sein bisher größtes und schönstes Erlebnis. Als er beim Überqueren der Alpen das Land verließ, schrieb er sein berühmtes Gedicht *Abschied von Italien (Farvel til Italia),* das gleich

Hans Christian Andersen. Porträt von Albert Küchler.
Gemalt in Rom, 1834. (Stiftung Preußischer Kulturbesitz)

nach seiner Ankunft in Kopenhagen in der Zeitung *Kjøbenhavnsposten* erschien.

Aber bevor er in seine Heimat zurückkehrte, wollte er noch verschiedene Zwischenstationen in Deutschland einlegen. So u. a. in München, wo er sich am 3. Mai Goethes *Italienische Reise* in einer Leihbibliothek besorgte. Als er am 6. Mai das Buch ausgelesen hatte, schrieb er in sein Tagebuch: »Ich habe jetzt Goethes *Italienische Reise* zu Ende gelesen, und es ist mir ein Genuß, mich in das Paradies zurückzuträumen. Wie er es sah, habe auch ich es gesehen. Es war, als lese ich mein Tagebuch. Doch habe ich mehr gesehen als er bespricht.«

Bei der Weiterfahrt ging es nach Österreich, wo er u. a. die Städte Salzburg, Linz, Melk, St. Pölten und Wien besucht. Danach fuhr er nach Prag und Teplitz, dem berühmten böhmischen Bad. Dort gab es ein fürstliches Schloß und u. a. ein österreichisches, sächsisches und preußisches Militärbadeinstitut. In seinem Tagebuch schreibt Andersen unter dem Datum des 15. Juli 1834 u. a.: »Auf dem fürstlichen Schloß weht eine Flagge. Zum Zeichen, daß sich dort ein Fürst aufhält (der König von Preußen). Zwischen 11 und 12 Uhr war Musik im Garten. Einige Fürstinnen saßen dort, und der König von Preußen sprach mit entblößtem Kopf zu ihnen. Er sah ziemlich ernst aus. Ich machte einen großen Spaziergang. Zuerst hinauf zu einem Lusthäuschen, das auf einem Berg stand. Dort traf ich wieder den König von Preußen in Begleitung einer Herzogin. Der Nachmittag und der Abend waren besonders schön, nur etwas kalt. Die Obstbäume an der Landstraße biegen sich nur so vor lauter Früchten. Ein Strohwisch daran sagt, daß niemand sie berühren darf. Traf den König von Preußen zum dritten Mal.«[40]

Das dürfte ein gutes Omen gewesen sein; denn König Friedrich Wilhelm war ja aus Berlin gekommen. Der kurz vor seinem 64. Geburtstag stehende König war damals zur Kur nach Teplitz gereist.

Andersen hatte von vornherein Berlin in seine Reise eingeplant. Vor allem wollte er Chamisso wiedersehen und ihm von Italien berichten und seinen dort empfangenen Ideen.

Natürlich ging die Reise über Dresden, dem Elbflorenz, das ihm bei seinem ersten Besuch so sehr ans Herz gewachsen war. Auf der Fahrt dorthin sah er noch das Riesengebirge mit der Schneekoppe. In Dresden angekommen, stieg er im Hotel »Stadt Gotha« ab, wo er »zwei prächtige Zimmer« bezog. Dort lagen »drei liebe Briefe von zu Hause«. Er aß gut, ging dann zu Bett und notierte später: »Meine Schlafkammer war so gemütlich, daß ich mich seit langem nirgendwo so wohl gefühlt habe.«

Am nächsten Tag ging er in die katholische Kirche, wo er wohl hoffte, wieder ein so großes Erlebnis zu haben wie bei dem Fronleichnamsfest im Juni 1831. Aber an diesem Tag war alles anders. – »Wie leer und öde sah sie doch aus. Das Bild in meiner Erinnerung war so schön«, heißt es in seinem Tagebuch. Dann wollte er noch Johan Christian Dahl besuchen, aber der war in Norwegen. Bei anderen Bekannten hatte er mehr Glück. Auch die Museen suchte er wieder auf. Und selbstverständlich Raffaels Sixtinische Madonna. Von der er sich kaum losreißen konnte. Aber er mußte Dresden bald verlassen. Am 21. Juli reiste er mit der Schnellpost aus Dresden ab.

JETZT GEHT DIE REISE NACH BERLIN

Nach einer Übernachtung in Liebenwerda, erreichte die Kutsche am 22. Juli Jüterbog und danach Treuenbrietzen, das, wie Andersen schreibt »nach einer braven Heidestadt aussieht«, und wo die kleine Reisegesellschaft wieder übernachtete.

Am nächsten Tag ging es dann über Beelitz direkt nach Berlin. Aber vorher kam noch Potsdam. – »Gegen Mittag erreichten wir Potsdam« schreibt er in seinem Tagebuch, »wo die Natur ein bißchen mehr Kleider anhat. Ich sah die berühmte Windmühle, die just vor vollem Wind ging. Der See und der hübsche Hügel machten sich gut. Die Stadt selbst ist ungemein schön und machte auf mich einen behaglicheren Eindruck als später Berlin. Wir kehrten im ›Einsiedler‹ ein, wo die Bedienung schlimm war. Und die anderen hatten so viel zu nörgeln, so daß wir nicht um zwei Uhr weiterkamen. Als wir aus der Stadt fuhren, sahen wir in der Ferne Spandau liegen. Die Chaussee war hervorragend! Es dauerte nicht allzu lange, bis die Schnellpost in Zehlendorf war. Dort fuhren viele Wagen. Und am Straßenrand sah man Gärten und Vergnügungsstätten.«

Dann notiert Andersen, daß sie freie Einfahrt durch das Tor nach Berlin hatten. Und daß er, zusammen mit der ganzen Reisegesellschaft, in einem der ersten Hotels der Stadt abgestiegen sei, das den Namen »Der goldene Adler« trug. Es gab damals in Berlin zwei Hotels mit diesem Namen. Andersens·Hotel lag in der Spandauer Straße 73. Er muß sich dort sehr wohl gefühlt haben; denn er schreibt in seinem Tagebuch, daß er von seinem Zimmer in der zweiten Etage eine wunderschöne Aussicht auf »den großen Platz« gehabt habe.

Dieser »große Platz« kann nur der gewesen sein, auf dem in Stadtmitte die alte Marienkirche steht. Die Spandauer Straße war eine der berühmtesten »Kulturstraßen« in der preußischen Hauptstadt. Dort wohnten im 18. Jahrhundert bedeutende Dichter und andere »Kulturpersönlichkeiten«. So fanden dort u. a. Heinrich von Kleist – der im Juni 1804 nach Berlin reiste, um sich dort erneut um eine Staatsstellung zu bewerben –, der 1725 in der alten pommerschen Hansestadt Kolberg geborene Odendichter Karl Wilhelm Ramler, der später Professor an der Berliner Kadettenanstalt wurde und der junge Gotthold Ephraim Lessing 1748 vorübergehend eine bescheidene Unterkunft. Auch der später mit Lessing befreundete Philosoph Moses Mendelssohn hatte in dieser Straße mit seiner Familie sein Zuhause und starb dort 1786. Im Haus Nr. 72 erblickte der Komponist Giacomo Meyerbeer das Licht der Welt. Schließlich sei noch einer anderen Persönlichkeit gedacht, die enge Verbindungen zu Berlins Spandauer Straße hatte. Gemeint ist der märkische Dichter und Romanschriftsteller Theodor Fontane. Er war am 1. April 1836 als Lehrling in die Apotheke »Zum weißen Schwan« eingetreten, die in der Spandauer Straße Nr. 77 (später Nr. 40) ihr Domizil hatte. Nachdem er dort mit seiner Lehre begonnen hatte, gab man ihm im Hinterhaus ein Zimmer, indem er mit seinen literarischen Versuchen beginnen konnte. Dort verfaßte er auch einige Balladen, die im *Berliner Figaro* veröffentlicht wurden.

Am Tag nach seiner Ankunft im »Goldenen Adler« stand Andersen, der am vorangegangenen Abend über große Müdigkeit geklagt hatte, bereits um halb sieben Uhr auf und war bereits eine Stunde später in der Stadt. Er hatte sich in Berlin ja wieder verschiedene Besuche vorgenommen und war nun auf dem Weg zu Georg Wilhelm Heinrich Häring, dem Berliner Dichter und Schriftsteller, der unter dem Pseudonym Willibald Alexis schrieb. Andersen hatte ihn, wie bereits erwähnt, bei seinem ersten Berliner Besuch in der Literarischen Gesellschaft kennengelernt, zu der er als Gast von Chamisso gekommen war.

Häring, der 1798 in Breslau geboren wurde, entstammte einer französischen Familie aus der Bretagne, die ihren französischen Namen Hareng ins Deutsche übertragen hatte. Bald nach Berlin gekommen, besuchte Häring das dortige Werdersche Gymnasium und nahm danach am Feldzug von 1815 teil. Zurückgekehrt nach Berlin, begann er Jura zu studieren und arbeitete einige Zeit als Kammergerichtsreferendar. Doch bald darauf gab er die Juristerei auf, um sich ganz und gar der Schriftstellerei widmen zu können. Von seinen historischen Romanen, deren Stoff er aus der märkisch-preußischen Geschichte entnommen hatte, wurde besonders sein Doppelroman »Die Hosen des Herrn von Bredow« (1846–1848) bekannt, der bereits 1892 die 12. Auflage erreichte.

Häring hatte seine Wohnung damals in der Zimmerstraße 95. Andersen traf ihn dort an. Es entspann sich ein Gespräch, in dem Berlin und die Literatur breiten Raum einnahmen. Ob Andersen Häring etwas von seinem neuen, in Italien begonnenen, Projekt berichtet hatte, ist nicht überliefert worden. Bekannt hingegen sind ihre Gespräche über die zeitgenössische Literatur. Als Andersen Häring erzählte, daß er Heinrich Heine in Paris getroffen habe, muß er wohl sehr erstaunt gewesen sein, als Häring ihm darauf entgegnete, daß Heine weder Verse noch Prosa schreiben könne. Aus dem Kontext im Tagebuch, in dem Andersen diesen Besuch kurz beschreibt, ist klar zu erkennen, daß sich Andersen über Härings Heine-Urteil geärgert hat.

Auch dessen Reden über den dänischen Romantiker Oehlenschläger müssen Andersen sehr mißfallen haben. Am Ende des Gespräches bat Andersen seinen Gastgeber um ein paar Zeilen als Erinnerung an diesen Besuch. Und wie man in Andersens Tagebuch lesen kann, bekam er von ihm »ein Stammblatt«.

Andersen machte sich jetzt auf den Weg zur Friedrichstraße Nr. 235, der Wohnung seines Freundes und Förderers Adelbert von Chamisso. Der war jedoch nicht zu Hause, sondern, wie Andersen schreibt: »...außerhalb der Stadt, in seinem Botanischen Garten.«

Kurz entschlossen machte er nun einen Besuch bei dem dänischen Chargé d'affaires Løvenørn. Eigentlich wollte er zum Gesandten, aber der war auf dem Lande. So mußte er sich mit dessen Vertreter begnügen, der Andersen für einen Holsteiner hielt und ihm die dänische Zeitung *Dagen* lieh. Dieses Kopenhagener Blatt war 1803 von K. H. Seidelin gegründet worden und hatte das Privileg, ausländische Nachrichten zu bringen. Als der Justizrat L. J. Fribert den Versuch unternahm, die Zeitung zu einem konservativen Regierungsorgan zu machen, ging sie 1843 ein.

Natürlich schaute sich Andersen die Zeitung an, hatte sie aber wohl bald aus der Hand gelegt. Denn dieser nach Berlin gekommene Gruß aus der Heimat, muß ihn sehr geärgert haben. In seinem Tagebuch notiert er nämlich die Sätze: »Herrgott, welch ein Quatsch steht darin! Kleinkariertes Zeug!!!«

Nachdem er noch einige Bekannte besucht hatte und wieder einmal in der Gemäldegalerie war, wo ihm die Bilder von Tizian, Karel van Mander und vor allem Corregio am besten gefielen, ging er in den Statuensaal. Und als er sich alles angesehen hatte, warf er einen Blick aus dem Fenster und war begeistert von der schönen Aussicht und besonders von dem »hohen Springbrunnen«. Später kam er dann endlich zu Chamisso, der ihn aufs herzlichste mit einem Kuß auf die Wangen begrüßte. Dann machten sie, sich lebhaft unterhaltend, einen Spaziergang durch den schönen Garten. Und schließlich zeigte Chamisso seinem Freund seine zuletzt herausgekommene Gedichtssammlung. Darin befanden sich fünf, vorher noch nicht erschienene Gedichte von Béranger, Victor Hugo und Andersen, die Chamisso übersetzt hatte.

Im Verlauf der Gespräche bat Chamisso Andersen, mit ihm am nächsten Tag zur Literarischen Gesellschaft zu gehen. Das brachte Andersen in Bedrängnis; denn er wollte am kommenden Abend ins Theater. Natürlich hatte Chamisso dafür Verständnis, wechselte schnell das Thema und erzählte ihm etwas von einem Verfasser, der einen neuen *Faust* geschrieben hatte.

Wer das war, geht aus Andersens Aufzeichnungen nicht hervor. Aber es könnte Karl von Holtei gemeint sein, dessen Melodrama *Faust* 1832 erschien.

Nach seinem Besuch bei Chamisso, trifft sich Andersen mit einem Freund F. J. Fiedler, einem dänischen Juristen, der sich zufällig in Berlin aufhielt. Die beiden machen einen Spaziergang und besuchen dann »ein brillantes Bierhaus«, in dem sie Ale tranken, das ihnen ausgezeichnet schmeckte.

Der nächste Tag, Freitag, der 25. Juli 1834, brachte Andersen ein großes Erlebnis. Nachdem er wieder einmal durch die »Straße der Bajaderen« geschlendert war – er benutzte jetzt den Ausdruck Bajaderen statt Sirenen –, suchte er noch einmal den dänischen Chargé d'affaires Baron Løvenørn auf. Der wußte jetzt, wer er war und überschüttete ihn mit Komplimenten, was Andersen bestimmt sehr genoß. Bei einem Spaziergang an der Spree stellte Andersen fest, daß sie »schönes, klares Wasser« hatte. Und als er den Markt aufsuchte, der an diesem Tag stattfand, fühlte er sich an seine Geburtsstadt Odense erinnert. Das ganze Leben und Treiben und Handeln war ihm so vertraut, daß er in seinem Tagebuch die kurze Notiz machte: »Hier in Berlin ist Markt. Er ähnelt dem Odenseer Markt.«

Und nun kam das große Erlebnis. Zusammen mit Freunden besichtigte er das Berliner Diorama. Das wurde 1827 in der preußischen Hauptstadt eröffnet und war teilweise nach den Plänen von Karl Friedrich Schinkel erbaut worden. Diese Pläne bezogen sich auf ein größeres Gebäude, in dem das Diorama untergebracht war, welches nach den Ideen des Dekorationsmalers Carl Wilhelm Gropius (1793–1870) gestaltet war. Gropius, der in Braunschweig geboren wurde, kam schon als Kind nach Berlin. Dort malte er später für die Ausstellungen seines Vaters, der eine Maskenfabrik besaß, kleine Dekorationen, zu denen Schinkel hin und wieder die Ideen vermittelte und deren Ausführung auch überwachte. Gropius hatte sich schon lange mit den Gedanken getragen, ein Diorama in Berlin bauen zu lassen und war deshalb bereits zweimal in Paris gewesen, um die Konstruktion des dortigen Dioramas zu studieren, das nach Plänen von Daguerre und Bouton gestaltet worden war. Der Standort für das neu zu errichtende Gebäude war gut gewählt. Das bescheinigt auch der Königliche Preußische Bibliothekar Samuel Heinrich Spiker, der in seinem 1832 herausgekommenen Werk *Berlin und seine Umgebung* u. a. schreibt: »Das Gebäude selbst, zum Theil nach Schinkel's Angaben aufgeführt, steht auf einem Platze, den der Unternehmer der Gnade Sr. Maj. des Königs verdankt, und der, seiner Nähe bei dem besuchtesten Theile der Stadt und dem angenehmsten Spaziergange von Berlin, den Linden, wegen, zum engeren Bereich der schaulustigen Welt gehört. Es hat zwei Facaden: eine längere, einfach und geschmackvoll verzierte, nach der Georgen-Strasse hin und eine kürzere, die zugleich eine Seite des eigentlich Dioramas bildet.«[41]

Carl Wilhelm Gropius hatte damals übrigens viel für Berlins Kultur getan. Bereits 1822 war er zum Ordentlichen Mitglied der Berliner Kunstakademie gewählt worden. Und später wurde er Dekorationsmaler und Inspektor des Königlichen Schauspielhauses. Aber auch seine beiden Brüder Ferdinand und George waren kulturell stark interessiert und ließen neben dem eigentlichen Diorama einen Kunstsaal einrichten, in dem Bilder von Künstlern ausgestellt und zum Teil auch verkauft wurden. Auch kunstgewerbliche Artikel konnte man dort erwerben. Leider wurde der Kunstsaal später geschlossen, sodaß S. H. Spiker in seinem oben zitierten Buch schrieb: »Das Eingehen dieses sogenannten Berliner Kabinets, an dessen Stelle bis jetzt noch nichts Aehnliches getreten ist, kann man als einen wirklichen Verlust für die Residenz betrachten.«[42]

Carl Wilhelm Gropius, der das Berliner Diorama entstehen ließ, war im Grunde der Urheber für Andersens größtes Erlebnis während seines zweiten Aufenthalts in Berlin. Denn er war ja lange Zeit in Italien gewesen, hatte sich dort nicht sattsehen können an all den für ihn wunderbaren Dingen der Antike, ihrer Kunst und Architektur, Italiens Natur und seinem Volksleben. Und nun schenkte ihm Berlin wieder die farbige Erinnerung an das Land, wo die Zitronen blühen. Und in dem er ja auch ein tüchtiger Zeichner war, wohl die meisten Bilder zu Papier brachte, die je seinem Stift auf Reisen entsprungen waren.

In seinem Tagebuch, in dem er oft bei bemerkenswerten Erlebnissen nur äußerst knappe Notizen macht, widmet er dem Diorama-Besuch doch mehrere Zeilen. Es heißt dort unter dem Datum des 25. Juli 1834: »Wir gingen nun ins Diorama von Gropius. Sahen das Kloster von Amalfi, die Jungfrau, das Kloster in Zürich, in Assisi, eine Morgenstunde. Aber herrlicher war der Klosterhof, wo wir die Glocken läuten hörten, die Kirchentür geöffnet wurde, Lichter auf dem Altar brannten usw. – Jetzt drehte es mit uns, und wir hörten die Brandung der Wellen und sahen das unendlich blaue Meer bei Sorrent. Der Mond schien auf den Meeresschaum, Kap Mysenium, Procida und Ischia lagen lebend vor mir. Ich war in meinem Paradies. Das war meisterlich, wir sahen es auch zweimal.«[43]

Es muß wirklich ein großes Erlebnis für Andersen gewesen sein, dieser Diorama-Besuch, sonst hätte der oft äußerst kritische Dichter wohl kaum diese Jubeltöne zu Papier gebracht.

Nach dem Besuch im Diorama, ging Andersen wieder zu Chamisso. Der war immer noch traurig, daß sein Freund ihn am Abend nicht zur Literarischen Gesellschaft begleiten wollte. Aber er hatte ja am vorangegangenen Tag dafür Verständnis gezeigt. Und da er Andersen nur zu gut kannte, wußte er wohl, daß sein phantasievoller Kopf von den auf den Bühnen agierenden Schauspielern oft angeregt und zu dichterischen Ideen gebracht wurde. Chamisso redete also nicht mehr davon. Es ist anzunehmen, daß Andersen dabei auf den Besuch in der Zimmerstraße 95 zu sprechen kam und Chamisso Härings Meinung über Heine mitteilte. Denn Chamisso erklärte Andersen bei diesem Besuch, Heine sei ein wahrer Dichter, habe aber nur ein Seite. »Sie sind glücklicher«, sagte er dann, »Sie haben mehrere.«

Nachdem sie sich noch gut eine Zeitlang unterhalten hatten, verehrte Chamisso seinem Freund seine neueste Sammlung von Gedichten, worüber Andersen sich besonders freute, denn dieser Band enthielt einige seiner Gedichte und hätte ihn obendrein einen Dukaten gekostet.

Abends ging er dann mit Freunden ins Theater, wo sie »Lumpacivagabundus« sahen. »Ich amüsierte mich dabei gut«, war seine Feststellung nach dem Ende der Vorstellung.

ANDERSEN VERLÄSST BERLIN

Am nächsten Tag sollte die Reise weitergehen. Aber bevor Andersen die Postkutsche besteigen konnte, hatte er noch Ärger mit seinem Reisegepäck. Schon als er nach dem abendlichen Theaterbesuch in sein Hotel zurückkam, mußte er feststellen, daß der Hausknecht seine Anweisung, den großen Koffer zur Post zu schaffen, nicht befolgt hatte. Er notiert in seinem Tagebuch: »Der Himmel weiß, wie das nun morgen wird.«

Die Folge dieser Aufregung war natürlich, daß er in der Nacht kaum schlafen konnte und schon morgens um vier Uhr aufstand. Nun mußte der Hausknecht dafür sorgen, daß der Koffer rechtzeitig zur Post kam. Um sieben Uhr war Andersen ebenfalls dort. Und hier begann der Ärger von neuem. Man machte ihm Schwierigkeiten wegen des allzu schweren Gepäckstücks. Schließlich einigte man sich dahingehend, daß er einige Taler mehr zahlen mußte.

Inzwischen war es neun Uhr geworden und die Post ging endlich ab. Und jetzt wurde Andersen auch für all den Ärger entschädigt. »Ich bekam einen ausgezeichneten Platz (Nr. 5)«, heißt es in seinem Tagebuch, »und eine Gesellschaft so gut wie in der Schnellpost …, die Sonne brannte heiß. Und die grünbemalte Kuppel, sowie die Vergoldung des Schlosses guckten in die Allee bei Charlottenburg hinein, durch die wir fuhren. Nun kamen wir nach Spandau, wo die Schiffe von der Spree in die Havel fahren, sahen das Gefangenenhaus und rumpelten durch die harten Straßen. Die Gegend war doch nicht so unerträglich, wie ich sie in Erinnerung hatte. Der Student, der meinen Namen von einem anderen gehört hatte, fragte, ob ich der sei, von dem Gedichte in Chamissos Buch stehen (der Student gehörte zu der Reisegesellschaft, d. Verf.). Alle waren bereits mir gegenüber sehr zuvorkommend. Wir kamen durch mehrere Städte (wie Roskilde und Slagelse), die ich aber nicht notieren mochte. Abends kamen wir in eine recht nette kleine Stadt, die ich vom letzten Mal kannte. Auf der Bank unter den Lindenbäumen, vorm Haus des Postmeisters, saßen mehrere Damen, die neugierig waren, uns zu sehen. Aber das konnten sie nicht, wir bliesen uns zu sehr auf. Ich schlief recht gut in der Nacht. Es war ziemlich kühl. Mein Mantel lag über mir. Der Schirrmeister war trotz seiner Redseligkeit sehr müde.«[44]

Am nächsten Tag erreichte die Kutsche Perleberg, wo Andersen die Rolandssäule auf dem Marktplatz zeichnete. Zu Mittag aß seine Reisegesellschaft »an der Table d'hôte in Ludwigslust, einer grünen Stadt.« Nachdem einige Reisende in Ludwigslust in eine Extrapost umgestiegen waren, um nach Lübeck zu fahren, mußte Andersen in Boitzenburg zusammen mit den anderen Passagieren ebenfalls umsteigen. Und da bekamen sie wie Andersen schreibt, »nun einen unerträglichen, miserabelen Kasten, der nach Hamburg gehörte.«

Es begann eine wahre Tortur für die Reisenden, die Andersen in seinem Tagebuch äußerst realistisch beschreibt: »Als nun die Chaussee aufhörte, wurden wir so geschüttelt, daß unsere Zähne immer aneinanderstießen. Mir war, als würde mir das Rückgrat brechen. Wir kamen ins Lauenburgische, passierten die Stadt, und ich sehnte mich so richtig nach dem schweren, tiefen Sand, da es eine fürchterliche Tortur war, auf den Steinen zu fahren. Mit zwei Pferden kamen wir nun im Fußgängertempo vorwärts. Aber hier war es doch möglich, einige Minuten zu druseln. Wir passierten Escheburg und bekamen erbärmlichen Kaffee in Bergedorf.«

Schließlich aber traf die kleine Reisegesellschaft doch noch gegen elf Uhr vormittags in Hamburg ein. Andersen stieg im Hotel »Zum Kronprinzen« (oder »Der Kronprinz«) ab, zog sich um und wanderte nach Altona. Am nächsten Tag, das war der 28. Juli, besuchte er in Hamburg Bekannte. Am 29. Juli ging er ins Theater und sah dort eine französische Truppe aus Berlin, die drei Stücke spielte: *La suite du Michel et Christine, La Dame et la Demoiselle* und ein Melodrama.

Kurz vor seiner Rückreise nach Kopenhagen schrieb er am 1. August 1834 einen Brief an seine »schwesterliche Freundin« Henriette Wulff (1804–1858), in dem es u. a. heißt, daß er sich in Berlin sehr geschmeichelt fühlte, weil er dort so ehrenhaft bekannt war. Und er fährt dann mit folgenden Zeilen fort: »Chamisso ist der erste Dichter der Berliner. Seine ›Gesammelten Gedichte‹ waren kürzlich mit Porträt und Kupferstichen herausgekommen. Und unter diesen befanden sich Übersetzungen von drei seiner beliebtesten Dichter. Und diese sind: Victor Hugo, Bérenger und H. C. Andersen. Von mir hat er folgende Gedichte im Buch: 1.) Klein Lieschen am Brunnen (Lille Lise ved Brønden), 2.) Märzveilchen (Martsviolerne), 3.) Der Dieb (Tyveknægten), 4.) Der Soldat (Soldaten), 5.) und Der Spielmann (Spillemanden). Ich bekam ein Exemplar des schön gestalteten Buches. Und meine Ankunft in Berlin war in einem der ästhetischen Blätter gemeldet. Das freute mich. Und das kann man wohl verzeihen. Sicherlich ist dies das letzte Mal, daß mein Dichterwert gewürdigt wird. Zu Hause erwarten mich Straßenschmutz und leere Lehrerregeln.«[45]

Die Darstellung der mangelnden Würdigung seiner dichterischen Leistungen in Kopenhagen, so wie sie in der oben zitierten Briefpassage zum Ausdruck kommen, bezieht sich natürlich auf einige Kritiker, die ihn schlecht besprochen hatten. Und tatsächlich stieß Andersen bald nach seiner Rückkehr am 3. August auf negative Rezensionen. Es ging sogar soweit, daß – wie er selbst schreibt – seine besten Freunde ihn als Dichter aufgegeben hatten. In Kopenhagen machte der Satz die Runde: Man habe sich bezüglich seines Talents geirrt. Diese Einstellung konnte für seine Weiterentwicklung als Dichter ein gefährliches Hindernis werden. Zumal er ja nun nach Ablauf seines zweijährigen Reisestipendiums seinen neuen Roman *Der Improvisator* beenden und herausgeben wollte.

Den Titel, *Der Improvisator,* verdankte er dem Dichter J. L. Heiberg (1791–1860). In einem Brief, den Andersen in Rom erhielt, wurde ihm eine Äußerung Heibergs mitgeteilt, die besagte, daß er Andersen als eine Art Improvisator betrachte. Und wie Andersen selbst in seiner Autobiographie schreibt, »waren diese Worte der Funken, der meiner neuen Dichtung Namen und Person gab.«

Nun mußte dieses Buch herauskommen. Andersens Verleger Reitzel nahm das Manuskript allein aus Gutmütigkeit an. Aber das Buch konnte nur mit Subskription erscheinen. Reitzel forderte daher Andersen auf, alle seine Freunde und Bekannten darauf aufmerksam zu machen. In einer Ankündigung hieß es, daß dieses Buch nicht ein Reisebericht sei, sondern eine Art geistiges Resultat einer Reise. Das Honorar war, wie Andersen schreibt, »unglaublich gering; denn da war überhaupt keine Aussicht, daß das Buch verkauft und gelesen wird.«

Dediziert hatte Andersen das Buch der Familie Collin mit herzlichen Worten und dem Schlußsatz: »Ihr (der Familie, d. Verf.) bringe ich hier das Beste, was ich besitze.«

Doch es kam alles ganz anders, als Andersen, sein Verleger und die Freunde und Bekannten gedacht hatten. Das Buch wurde gelesen, ausverkauft und wieder aufgelegt. Die Kritik schwieg. Die Blätter sagten nichts. Aber überall hörte Andersen, daß man Interesse an seinem neuen Werk zeigte, und daß sich viele darüber freuten. Schließlich schrieb der Dichter Carl Bagger (1807–1846), der damals Redakteur am *Søndagsblad* war, in der Nummer vom 19. April 1835, also zehn Tage nach Erscheinen des Buches, die erste Besprechung, die mit den Sätzen begann: »Der Dichter Andersen schreibt jetzt nicht mehr so gut wie früher. Er hat sich wohl leergeschrieben, ja, das habe ich eigentlich schon lange erwartet. So hat man den Dichter hier und da in einigen Zirkeln der Hauptstadt beurteilt. Vielleicht ausgerechnet dort, wo er bei seinem ersten Auftreten am meisten verhätschelt und fast vergöttert wurde. Aber daß er sich nicht leergeschrieben, sondern sich im Gegenteil auf eine seltsame, früher unbekannte, Höhe geschwungen hat, hat er neulich auf eine glänzende Weise mit seinem *Improvisator* bewiesen.«

Daß Andersens Freude über diesen Stimmungsumschwung groß war, ist zu verstehen. Die überschwengliche Beurteilung des *Improvisator* durch seinen Freund Adelbert von Chamisso aus Berlin setzte der ganzen Sache dann noch die Krone auf. Andersen brauchte nun keine schlechten und diskriminierenden Besprechungen und Meinungen mehr zu fürchten. Wenn alles weiter so positiv für ihn verlief, war er auf dem besten Wege, Dänemarks Nationaldichter zu werden, einen Rang, den zu dieser Zeit allerdings noch Adam Oehlenschläger innehatte.

Das Jahr 1835 hatte Andersen also Erfolg geschenkt. Und das wirkte sich auch bald außerhalb der Grenzen des dänischen Königreichs aus. In Deutschland kam der *Improvisator* bereits im Jahr seines Erscheinens heraus. Übersetzt von Laurids Kruse (1778–1839), jenem dänischen Dichter und Professor, der sich in Hamburg niedergelassen hatte, und dem Andersen bei seinen Auslandsreisen auch Besuche abstattete.

Allerdings hatte Kruse als Titel nicht den originalen gewählt, sondern *Jugendleben und Träume eines italienischen Dichters*. Damit war Andersen gar nicht zufrieden. Er hielt ihn für banal, und er sorgte dafür, daß bei späteren Auflagen nur der Originaltitel benutzt werden durfte. Das Buch hatte in Deutschland Erfolg. Im Lauf des Jahrzehnts nach Erscheinen der dänischen Erstausgabe, kamen in Deutschland sieben bis acht Neuauflagen heraus. Nach der ersten deutschen Ausgabe, erschien *Der Improvisator* auch in Schweden, England und Nordamerika. 1844 kam eine russische Ausgabe heraus. Und danach bis 1850 tschechische, holländische und französische. Es ist anzunehmen, daß mehrere der ausländischen Auflagen nicht nach dem Original in die jeweilige Sprache übertragen wurden, sondern nach der deutschen Ausgabe.

Mit einem solchen Erfolg hatte Andersen wohl kaum gerechnet. Hätte er in unserer Zeit gelebt, wäre sein Buch ein Bestseller geworden, mit entsprechenden guten Honoraren. Aber soweit war man damals noch nicht.

Nun konnte Andersen an Neues denken. Nach dem *Improvisator*, dem ersten, modern erzählten Roman der dänischen Literatur, begab er sich in das Reich der Märchendichtung. Mit den ersten Märchenheften, es waren zwei an der Zahl, legte er den Grundstein zu seiner Weltberühmtheit. In diesen beiden Heften befanden sich u. a. die Märchen *Das Feuerzeug, Die Prinzessin auf der Erbse, Der Reisekamerad*. Er gab ihm den Titel *Eventyr, fortalte for Børn. (Märchen erzählt für Kinder)*.

Anfangs hatte Andersen das Schreiben von Märchen nur als eine Art Nebenbeschäftigung angesehen. Sein Wunsch als Dichter war es – besonders nach dem Erfolg des *Improvisators* – einer der großen Romanschriftsteller seines Landes zu werden.

So gefiel es dem sonst so eitlen Andersen gar nicht, was Hans Christian Ørsted – der ja viele Jahre mit Andersen befreundet war und als erster Däne in den Märchen seines jungen Freundes dessen geniale Begabung erkannte – mit folgenden Worten ausdrückte: »wenn ihn *Der Improvisator* berühmt macht, dann machen ihn die Märchen unsterblich.«

Wie man aus einem Brief an Henriette Collin vom 16. März 1835 sehen kann, lehnte er eine solche Würdigung strikt ab. Als er dann Ingemann ebenfalls seine Bedenken mitteilte, und dieser darauf den Rat gab, daß es wohl besser sei, Märchen nicht mehr zu schreiben, schien er durchaus bereit zu sein, dem Rat seines alten Freundes nachzukommen. Nach der Arbeit an seinen neuen Märchen (1838), schien er tatsächlich den Entschluß gefaßt zu haben, mit dem Schreiben von Märchen aufzuhören. In einem Brief an seinen Freund Frederik Læssøe, mit dem Datum vom Februar 1838, heißt es u. a., daß er »diese Jongleurkünste mit den Goldäpfeln der Phantasie nun überhabe.«

Schließlich sollten noch mehrere Jahre vergehen, bis er, wie er Ingemann 1843 mitteilte, mit dem Dichten von Märchen ins reine gekommen war.

Und es wurde ein großes Werk. Der offizielle »Kanon« umfaßt 156 Märchen und Geschichten. Darunter Märchen, die als »Perlen der Weltliteratur« gelten, wie beispielsweise *Die kleine Meerjungfrau* und *Der standhafte Zinnsoldat*.

Daß Andersens Märchen auch großen Einfluß auf die neuere Literatur hatten, geht aus verschiedenen Äußerungen von Schriftstellern, wie Theodor Fontane, Franz Kafka, Vladimir Nabokow und James Joyce, hervor. Genannt sei in diesem Zusammenhang vor allem Thomas Mann (1875–1955). Als er 1928 einmal von einer Zeitschrift gefragt wurde, welches Buch auf ihn den stärksten Eindruck gemacht habe, war seine Antwort: »Ich könnte ›Die Welt als Wille und Vorstellung‹ sagen. Oder Nietzsche oder Tolstoi. Aber ich glaube, ich muß weiter zurückgehen, ich glaube, einer der frühesten literarischen Eindrücke, deren ich teilhaft wurde, war auch der tiefste und nachhaltigste: Andersens Märchen.« Und damit nicht genug. Gegen Ende seines Lebens, bekannte er sich einmal dazu, daß das eigentliche Symbol seines Lebens Andersens *Standhafter Zinnsoldat* gewesen sei.

ZWISCHEN DICHTEN UND REISEN – ANDERSENS TÄTIGKEIT IN DEN JAHREN 1835–1843

Zurück zum *Improvisator*. Nachdem Andersen nun endlich Erfolg mit diesem Roman hatte, konnte er sich jetzt, frei von allen Ängsten, die seine Dichterlaufbahn zu blockieren drohten, zu neuen Arbeiten entschließen. Und so erschien 1836 ein neuer Roman, dem er den Titel *O. T.* gab. Dieses Kürzel steht für den Helden des Buches, Otto Thostrup. Ihm waren diese Initialen in die Schulter eingebrannt worden. Seine Mutter, die ihn im Zuchthaus von Odense zur Welt brachte, war ein einfaches Bauernmädchen, das man eingesperrt hatte, weil es einen Diebstahl begangen haben sollte, was aber nicht stimmte. Später kam Otto Thostrup auf den Hof seines Großvaters, der ihn zum Studium nach Kopenhagen schickte, wo er den jungen Baron Vilhelm kennenlernte, dessen Vater ein Rittergut auf Fünen besaß. Die Gegenüberstellung des in einem Zuchthaus Geborenen mit dem Sohn eines Rittergutsbesitzers war für den Roman natürlich von besonderer Bedeutung. Andersen versuchte aber auch, darin ein Bild des geistigen und politischen Lebens im damaligen Dänemark zu zeichnen.

1837 gab Andersen dann seinen Roman *Nur ein Geiger (Kun en Spillemand)* heraus. Darin schildert er ein musikalisches Naturtalent, das aus Mangel an Unterstützung und Anerkennung zugrunde geht.

Andersen hatte bei vielen Lesern in seiner Heimat Erfolg. Und auch in Deutschland, wo der Roman in Übersetzung bereits 1838 vorlag, fand er große Beachtung. Chamisso, dem Andersen die Originalausgabe bald nach ihrem Erscheinen geschickt hatte, war, wie aus dem oben zitierten Brief vom 5. August 1838 zu ersehen ist, von dem neuen Werk seines Freundes begeistert. Ganz besonders freute Andersen die Einschätzung Chamissos: »Sie gehören billig zu den Lieblingsschriftstellern Deutschlands.« Das war das Urteil eines Mannes, der für seine äußerst kritischen Urteile in literarischen Dingen bekannt war. So fand das Buch viele Leser in Deutschland, von denen die meisten von der Geschichte ergriffen waren, so auch der spätere König Friedrich Wilhelm IV. – er wurde im zweiten Jahr nach Erscheinen der deutschen Übersetzung Nachfolger seines 1840 verstorbenen Vaters Friedrich Wilhelm III. König von Preußen – der, beim Lesen dieses Romans, wie es heißt, zu Tränen gerührt war.

Sein großer Erfolg bei den Lesern war die eine Seite der Medaille. Gespannt erwartete Andersen nach seinen schlechten Erfahrungen mit den Kritikern auf deren Rezensionen. So hoffte er, bald etwas über sein neues Buch lesen zu können. Am 29. November 1837 erschien eine erste Besprechung des am 22. November herausgekommenen Romans. Es war die Kopenhagener Tageszeitung *Dagen*, die sie brachte. Weitere Kritiken folgten jedoch nicht, was durchaus nicht unüblich war, denn in jener Zeit wurden nur relativ wenig Bücher in den Zeitungen besprochen. Was Andersen als bedrückend empfand, waren einige Passagen der Besprechung, in denen – nach den einleitenden positiven Sätzen – kritisch bemerkt wurde, daß durch das Zitieren anderer Autoren und der zu genauen Darstellung von Lokalitäten der Verlauf der Handlung an einzelnen Stellen unterdrückt werde.

Das war noch zu verkraften.Was ihn dann aber förmlich aufregte, waren Briefe die er von Bernhard Severin Ingemann und dem Dichter und Kritiker Carsten Hauch erhielt. Der eine erwähnte seinen Roman überhaupt nicht, der andere, Carsten Hauch, meinte, daß er einiges gegen Andersens neues Werk einzuwenden hätte und deshalb den Roman nicht besprechen werde. Andersen hatte den *Geiger* beiden Dichtern dediziert.

Die verheerendste Kritik aber kam von Søren Kierkegaard (1813–1855). Der später weltberühmte dänische Philosoph, der damals als 25jähriger Theologie studierte, hatte sein erstes Buch am 7. September 1838 herausgegeben. Es trug den Titel *Aus den Papieren eines noch Lebenden (Af en endnu Levendes Papirer)*. Dieses Buch enthielt ungemein scharfe Angriffe auf Andersen, und dessen neuen Roman, den er fast völlig verriß. Viele von Andersens Zeitgenossen unter ihnen Schriftsteller und Wissenschaftler reagierten mit Verwunderung auf die Attacken Kierkegaards. Wie dem auch sei: Geschadet hat Andersen diese überaus negative Kritik wohl kaum. Sie war überdies in einer etwas unklaren Form zu Papier gebracht und in einer Sprache, die weitgehend hinter Andersens präzisem und klaren Stil zurückstand. Es gab damals eine ganze Reihe von Deutungen dieser Schrift. Ein endgültiges wissenschaftliches Resultat erbrachten sie kaum. Vielleicht war es Eifersucht des ein paar Jahre vor seinem Theologischen Staatsexamen stehenden Kierkegaard, die ihn zu diesem Pamphlet getrieben hatte. Über die Einseitigkeit von Kirkegaards Kritik schrieb der färöische Skandinavist Ole Jacobsen (1915–1983) in seinem einleitenden Essay zu dem *Geiger* und den anderen Romanen, die Kierkegaard ebenfalls erwähnt hatte: »Aber die Rezension ist ungerecht, weil sie nicht mit einem einzigen Wort die positiven Tugenden in den Romanen berücksichtigt. Sie sagt nichts von ihrer Poesie, nichts von ihrem ironischen Humor oder der Genauigkeit der Typen...«[46]

Gut hundert Jahre zuvor, hatte Georg Friedrich von Jenssen in einer Besprechung der deutschen Ausgabe des *Geigers,* die in der in Leipzig ansässigen Zeitschrift *Gersdorfs Repertorium* (Bd. 17, Heft 1) erschien, u. a. geschrieben, daß der Dichter mutatis mutandi (mit den notwendigen Veränderungen, d. Verf.) sein eigenes Leben geschrieben habe und die Geschichte seiner geistigen Entwicklung. Und zwar auf eine Weise, die die tiefste Rührung auslöst und lebhaftestes Interesse für den Autor. Und der Rezensent fährt fort, daß er nicht wüßte, was er in der deutschen Literatur diesem Roman zur Seite setzen könnte. Vielleicht Novalis' *Ofterdingen* und einige Erzählungen aus Tiecks vorletzter Periode. Aber, so meinte der Rezensent schließlich, auch diese kämen Andersens Roman nicht gleich.

Der trat indes seinen Siegeszug durch Deutschland an und trug mehr als alle anderen Romane zu Andersens Ruhm in der Welt bei, zu dem Adelbert von Chamisso in Berlin den Grundstein gelegt hatte. Chamisso aber stand nun am Ende seines Lebens. Er starb am 21. August 1838. Als Andersen die traurige Nachricht erhielt, war er tief erschüttert und schrieb seinem dahingegangenen Freund ein ergreifendes Abschiedsgedicht.

Das wurde von dem Berliner Dichter Franz von Gaudy (1800–1840) – der in Potsdam seinen Offiziersdienst quittiert hatte und 1833 nach Berlin übergesiedelt war, um dort als freier Schriftsteller zu leben – ins Deutsche übertragen. Zwei Jahre nach dem Tod seines Freundes Chamisso starb auch er. Ein Herzschlag hatte seinem Leben unerwartet ein Ende gesetzt.

Das Gedicht wurde in dem Werk *Leben und Briefe von Adelbert von Chamisso* aufgenommen. Es war verfaßt und herausgegeben worden von dem Berliner Kriminaldirektor und Schriftsteller Julius Eduard Hitzig (1780–1849), einem alten Freund von Chamisso. Es kam 1839 auf den Buchmarkt.

Andersens Abschiedsgruß hatte folgenden Wortlaut in deutscher Übertragung:

DEM DICHTER

ADELBERT VON CHAMISSO

(Gest. zu Berlin den 21. August 1838)

DU Herrlicher, so hab' ich Dich verloren!
Nicht hör ich Deinen Trost, Dein Lob fortan.
Du sahst in mir zu was mich Gott erkoren,
Sahst, was nur Vaters Blick erspähen kann.
Ist's Eitelkeit, wenn erst in meinen Schmerzen
Ich wohl erkannt, was mir Dein Beifall war?
Jetzt kannst Du lesen klar in meinem Herzen,
Siehst jetzt am besten, ob Dein Hoffen wahr.
Ein Schwan hat um den Erdkreis sich geschwungen –
Er schlummerte im Schoß des Wilden ein;
In Süd' und Norden hat er Lieb' errungen.
Herüber quoll sein Sang aus Herrmanns Hain;
Sein letzter waren Frankreichs Freiheitslieder,
Die Wurzel schlugen in der Völker Gunst,
Dann brach sein Herz – wann schlägt ein solches wieder?
Versenkt in Trauer steht der Muse Kunst.

Es sollten noch einige Jahre vergehen, bis Hans Christian Andersen wieder nach Berlin kam. Seinen alten Freund Adelbert von Chamisso konnte er jedoch nicht mehr herzlich umarmen.

Die Zeit zwischen 1835 und 1843 war dicht angefüllt mit Arbeit und Reisen. Im Sommer 1837 hatte Andersen eine Reise nach Schweden unternommen. Es war seine erste in das Nachbarland Dänemarks, dessen Geschichte mit manchem Bruderkrieg belastet war. Darin ging es vor allem um das Dominium Maris Baltici – die Herrschaft über die Ostsee – und den Kampf um das Dänemark gegenüber liegende Land Schonen und einige andere Gebiete, die vom Königreich Dänemark durch den Øresund getrennt waren und bis 1658 zu Dänemark gehörten.

Jetzt, Jahrhunderte danach, war es aber ruhig geworden zwischen den beiden Brudervölkern. Andersen wollte natürlich das Land kennenlernen. Vor allem aber seine Dichter und Schriftsteller. Von diesen war er besonders an Fredrika Bremer (1801–1865) interessiert, deren Name als Romanschriftstellerin und Frauenrechtlerin auch in Dänemark bekannt war. Aber ebenso wichtig war für ihn eine Begegnung mit Esaias Tegnér (1782–1846), dem berühmten Dichter der *Frithiofs saga* und des *Gesanges an die Sonne (Sång till solen)*. Tegnér war 1812 Professor für Altgriechisch an der Universität von Lund geworden und seit 1824 Bischof von Växjö.

Andersens Schweden-Reise führte ihn von Kopenhagen nach Göteborg. Und von dort reiste er auf dem Göta-Kanal nach Stockholm, von wo er einen Abstecher nach Uppsala machte. Dort wurde er mit allen Ehren empfangen, was er einem Empfehlungsschreiben des berühmten schwedischen Chemikers Jöns Jacob Berzelius verdankte, dem wiederum Ørsted Andersen empfohlen hatte. In Uppsala, jener alten geschichtsträchtigen Stadt, bekam er viel zu sehen. So in der Universitätsbibliothek einen Brief von Martin Luther und den Codex Argenteus, jene Übersetzung der Bibel des Bischofs Ulfilas (ca. 311–383) mit dem Evangelium ins Gotische, mit silbernen Buchstaben und goldenen Initialen, geschrieben auf purpurrotem Pergament.

Auf seiner Rückreise traf Andersen auch Esaias Tegnér – Fredrika Bremer hatte er schon bei seiner Fahrt nach Stockholm auf dem Schiff getroffen. In Göteborg, wollte er dem Dichter der *Frithiofs saga* einen Besuch abstatten. In seinem Tagebuch notiert er unter dem Datum des 13. Juli 1837: »Ging um 9 Uhr zu Tegnér. Das Porträt sieht ihm ähnlich. Er hatte einen Stern auf der Brust (den Ordensstern zum Kommandeur des Nordsternordens, d. Verf.), wollte, daß ich bliebe; denn morgen sei Badefest und da wären schöne Frauen, wie er sagte, etwas, das einem jungen Mann und Dichter doch gefallen müsse. Er sprach viel darüber, daß Oehlenschläger zu viel schreibe, und von der Schwäche seiner *Norwegen-Reise* (*Norgesreisen*, 1834. Ein Buch mit 35 Gedichten, bezogen auf Norwegen; d. Verf.). Von mir hatte er nur die Gedichte gelesen, die ich ihm geschickt hatte. Sprach von Hertz, den, er Hjort nannte. Er erschien mir ein wenig schwankend …«[47]

Zurückgekehrt nach Dänemark schrieb Andersen das Gedicht *Vi er eet Folk, vi kaldes Skandinaver – Wir sind ein Volk, man nennt uns Skandinavier.*

Hans Christian Ørsted. Lithographie nach einem Gemälde von
C. A. Jensen, 1842. (Königliche Bibliothek, Kopenhagen)

Die Fahrt nach Schweden war für Andersen nicht nur eine
wichtige Bildungsreise, sie erweckte in ihm auch gleichzeitig das
Gefühl der Zusammengehörigkeit der nordischen Brudervöl-
ker – der Skandinavier. Aber Andersen betonte, daß das nicht
politisch gemeint sei; denn, so schrieb er in seiner Autobiographie: »Bei diesem Gedicht war kein politischer Gedanke, der ist
mir fremd – der Dichter soll nicht im Dienst der Politik arbeiten, sondern als ein Seher den Ereignissen vorausgehen.«[18]

1838 bewilligte König Frederik VI. Andersen ein jährliches
Dichtergehalt in Höhe von 400 Reichstalern. 1839 erscheint die
erste deutsche Ausgabe seiner Märchen, unter dem Titel: *Märchen und Erzählungen für Kinder. Dem Dänischen nacherzählt
von G. F. von Jenssen.* Am 3. Dezember desselben Jahres stirbt
Frederik VI., Christian VIII. wird sein Nachfolger.

Am 3. Februar 1840 konnte Andersen die Aufführung seines romantischen Dramas *Der Mulatte (Mulatten)* im Königlichen Theater erleben. Eigentlich sollte es bereits am 3. Dezember 1839 uraufgeführt werden. Das aber war der Tag an dem König Frederik VI. starb und so kam das Stück erst zu Beginn des neuen Jahres auf die Bühne.

Es wurde Andersens bisher größter Bühnenerfolg – der mehrfach vor einem begeisterten Publikum wiederholt wurde. Aber leider blieb es nicht so. Andersen hatte das Drama nach einer französischen Vorlage geschrieben, der Erzählung *Les épaves (Die Herrenlosen)* von Fanny Rebaud. Und als die Erzählung, ins Dänische übersetzt, in einem Kopenhagener Journal erschien, begann man an Andersens dichterischer Ehrlichkeit zu zweifeln, kritische Einwände wurden laut. Sogar in der Collinschen Familie. Dabei hatte Andersen in der Buchausgabe des Dramas auf die französische Erzählung hingewiesen, die ihn zu dem Drama inspiriert hatte. Nur hatte die Druckerei diesen Hinweis aus technischen Gründen weggelassen. Um seinen Kritikern zu beweisen, daß er auch frei von allen inspirierenden Vorlagen, kraft seiner Phantasie und seines dichterischen Vermögens, ein Theaterstück zu Wege bringen konnte, schrieb er *Das Maurenmädchen (Maurerpigen)*, eine Tragödie in fünf Akten.

Aber auch damit hatte er allerlei Ärger. Er wartete deshalb gar nicht erst die Uraufführung ab, die am 18. Dezember 1840 im Königlichen Theater stattfand, sondern reiste bereits am 31. Oktober mit dem Dampfschiff »Christian VIII.« von Kopenhagen in Richtung Kiel.

Die große Reise, die fast ein ganzes Jahr andauern sollte, führte ihn über Deutschland und Österreich nach Italien. In Magdeburg erwartete ihn ein großes Erlebnis. Er bestieg den Zug und begann seine erste Eisenbahnfahrt, die ihn nach Leipzig führten sollte. Euphorisch berichtete Andersen in einem Brief an Edvard Collin, vom 10. November: »Ich bin heute zum erstenmal mit dem Dampfwagen gefahren, 16 Meilen in ca. 3 ½ Stunden. Ich bin begeistert . . . Oh, wie ich den menschlichen Geist bewundere! Ja, der muß unsterblich sein.« Diese Jubeltöne erinnern sehr an seinen Berlin-Besuch im Jahr 1834, wo er im dortigen Diorama am 25. Juli von den Vorführungen überaus begeistert war.

In Leipzig besuchte er den Komponisten Felix Mendelssohn Bartholdy und den Verleger Heinrich Brockhaus.

In Augsburg, wo er auch Station machte, sah er zum erstenmal Daguerreotypien. Ein Schweizer Maler hatte sie ihm gezeigt. Diese Bilder zeigten Porträts lebender Personen und waren in fünf bis zehn Minuten aufgenommen. Sie sahen aus, als seien sie auf eine stählerne Platte gestochen. Das alles teilte Andersen ebenfalls seinem Freund Edvard Collin mit. Und er fügte auch noch Details der Bilder hinzu, nämlich daß die Haare sehr schön waren und die Augen ganz deutlich erschienen und daß die Pupillen sogar einen Glanz ausstrahlten.

In München, wo Andersen am 18. November 1840 eintraf, entdeckte er in einer Buchhandlung die deutsche Ausgabe seines *Improvisator*. Aber es war nur der erste Teil, woraus sich ein Streitgespräch mit dem Buchhändler entwickelte, weil dieser behauptete, es sei der ganze Roman; denn er habe ihn ja am vergangenen Tag gelesen. Als Andersen ihm schließlich erklärte, daß er der Autor sei und es deshalb wohl am besten wüßte, war der Buchhändler höchst erstaunt und plötzlich, wie Andersen in seinem Tagebuch am 29. November 1840 schreibt, die Liebenswürdigkeit selbst. Von München ging die Reise weiter über Österreich nach Italien, wo Andersen am 20. Dezember eintraf.

Am 8. Januar 1841 erreichte ihn dann dort ein Brief von Jonas Collin, seinem »Vater«, in dem er ihm mitteilte, daß *Das Maurenmädchen* bei der Premiere von Kritik und Publikum »höflichen Beifall« erhalten hatte. Finanziell hatte das Stück aber kaum etwas gebracht; denn das Publikum habe wohl kein Interesse, weshalb es nach drei Aufführungen abgesetzt worden sei. Zu Andersens großem Ärger kam dann noch ein Brief von seiner mütterlichen Freundin Signe Læssøe, in dem sie ihm mitteilte, daß der Dichter Johan Ludvig Heiberg ein neues Werk mit dem Titel *Neue Gedichte* just veröffentlicht habe, in dem er ihn übel behandle.

Andersen blieb noch bis zum 15. März in Italien. Dann reiste er mit dem Dampfschiff »Leonidas« nach Malta, wo er am 17. März ankam. Unterwegs hatte er den Stromboli Feuer speien gesehen, war an den Liparischen Inseln, Kalabrien und Sizilien vorbeigekommen, notierte in sein Tagebuch, daß dort auf einem langen Sandstreifen ein Leuchtturm stand und daß von Messina an die Küste weitgehend mit Häusern bebaut sei. Er sah auch den schneebedeckten Ätna und stellte fest, daß dort, wo die Bucht von Catania beginnt, die Küste einen milderen Charakter bekommt. In Syrakus machte ihn ein Priester darauf aufmerksam, daß dort die Heilige Lucia geboren sei, was Andersen nickend bestätigte und erwiderte: ». . . und Archimedes.« – »Ja«, entgegnete der Priester, »aber die Heilige Lucia war Gottes Tochter.«

Am 17. März war Andersen dann in Malta. Zusammen mit einem russischen Fahrgast besichtigte er dort den Dom, der wie Andersen schreibt, groß und eigentümlich sei. Darauf kehrten die beiden im Hotel de Mediterrania ein. Das nächste Besichtigungsziel war das Schloß der Malteser Ritter, wo im Waffensaal das Porträt des Großmeisters (Vignacourt) hing. An den Wänden waren Rosetten, umgeben von Pistolen. Rüstungen waren zu sehen und die Schilde der Ritter. Sie sahen dann noch einen Saal mit reichen Gobelins, die mit prächtigen roten und blauen Vögeln besetzt waren. Nach der Besichtigung des Schlosses schauten sich die beiden Reisenden noch die ehemalige Hauptstadt der Insel, den Bischofssitz Cittavechia an, wo sie die Kirche San Pietro e Paolo besuchten und die vier Evangelisten in der Kuppel bewunderten. Am 18. März reiste Andersen weiter nach Griechenland. Dort wollte er vor allem das Gebäude der Universität in Athen und die Akropolis sehen. Er besuchte also den dänischen Architekten Christian Hansen (1803–1883), den Erbauer der Universität, der damals seinen Wohnsitz in Athen hatte und ließ sich das neue, wohl noch nicht ganz fertige, Gebäude von ihm zeigen. Am selben Tag – es war der 26. März – besichtigte er die Akropolis. Anschließend war Andersen noch zu einer Abendgesellschaft eingeladen, die König Otto I. (reg. 1833–1863) von Griechenland gab. Otto I. war ein Sohn des bayerischen Königs Ludwig I. und wurde 1832 von den Großmächten als griechischer König vorgeschlagen.

Von Griechenland ging die Reise mit verschiedenen Dampfschiffen nach Konstantinopel und schließlich von der Türkei über Budapest nach Wien, wo Andersen Grillparzer besuchte und im Volksgarten Johann Strauß d. Ä. hörte. Bei seiner Heimreise durch Deutschland waren natürlich wieder verschiedene Besuche fällig. So u. a. in Dresden bei Dahl und dem Maler C. C. Vogel von Vogelstein, der den Dichter zeichnete. In Leipzig suchte er wieder die Familie Brockhaus auf, traf Goethes Schwiegertochter Ottilie von Goethe und auch Felix Mendelssohn Bartholdy.

Nach Magdeburg gekommen, ging er an Bord des Dampfschiffs »Hamburg« und fuhr die Elbe hinunter nach Hamburg, wo er dem dänischen Komponisten J. P. E. Hartmann (1805–1900) einen Besuch abstattete. Von Kiel aus reiste Andersen dann mit dem dänischen Dampfschiff »Løven« nach Aarøsund und Assens und fuhr über Fünen in seine Geburtsstadt Odense. Lange hielt er sich allerdings dort nicht auf. Am 15. Juli angekommen, verließ er Odense bereits wieder am 17. Juli und kam fünf Tage später endlich wieder zu Hause in Kopenhagen an.

Hinter Andersen lag eine äußerst anstrengende und lange Reise. Man muß sich immer wieder fragen, wie er das alles geschafft hat, wo er doch gesundheitlich, physisch wie psychisch, nicht immer in bester Verfassung war.

Bald nach seiner Heimkehr nahm er wieder die Arbeit auf. Bereits nach fünf Monaten erschien seine neue Sammlung *Märchen, erzählt für Kinder. Drittes Heft. (Eventyr fortalte for Børn. Ny Samling. Tredie Hefte).* Darin waren die Märchen *Ole Luk-Øie, Der Rosen-Elf, Der Schweinehirt* und *Der Buchweizen.* Die große, gerade überstandene Reise fand ihren literarischen Niederschlag in dem am 30. April erschienenen Reisebuch *En Digters Bazar,* das bereits 1843 in deutscher Übersetzung im Verlag Friedrich Vieweg und Sohn, Braunschweig erschien. Es trug den exakt übersetzten Titel *Eines Dichters Bazar.* Andersens neues Werk war übrigens einer ganzen Reihe von Persönlichkeiten aus den besuchten Ländern gewidmet. Diese einmalig große Dedikation wurde allerdings in der ersten Gesamtausgabe, die Andersen selbst besorgte, nicht aufgenommen.

Von allen seinen Reisebüchern wurde *Eines Dichters Basar* sein Hauptwerk. Man liest dieses Buch wie einen Reiseführer. Und doch ist es weit mehr als das. Man erkennt bald, daß der Autor auch didaktische Zwecke verfolgt, bewußt oder unbewußt, und daß er ein Dichter ist. Immer wieder muß man seine Schaffenskraft bewundern. Vom Oktober 1840 bis Juli 1841 war er nicht in Dänemark. Und bereits im April 1842 lag das relativ umfangreiche Werk vor.

Die Jahre 1842 bis 1843 waren wieder mit Reisen ausgefüllt. Im Sommer 1842 besuchte Andersen verschiedene dänische Herrenhöfe, wo er überall mit großem Entgegenkommen aufgenommen wurde. Aber er begann auch an einem neuen Märchen – *Das häßliche Entlein* – zu schreiben und besuchte seinen alten Freund, den Dichter Ingemann in Sorø. Nachdem er noch den Komponisten C. E. Weyse in Roskilde aufgesucht hatte, ging es dann 1843 auf eine weitere große Reise.

Sie führte ihn über Deutschland, Belgien, Frankreich und zurück durch Deutschland nach Hause. Er hatte diese große Reise am 30. Januar 1843 angetreten und beendete sie, wieder einmal mit dem Dampfschiff »Christian VIII.« von Kiel kommend, am 15. Juni desselben Jahres in Kopenhagen.

Besucht hatte er u. a. Victor Hugo, Alexander Dumas d. Ä., Honoré de Balzac, Heinrich Heine, Alfred de Vigny, den Bildhauer P. J. David d'Angers und den damals berühmten französischen Dichter Alphonse Marie Louis Lamartine. Auf der Rückreise traf er dann noch Ferdinand Freiligrath, in Bonn Ernst Moritz Arndt und andere.

Man kann wohl mit Recht sagen, daß Andersen eine der wenigen Persönlichkeiten war – vielleicht sogar die einzige –, die so viele europäische, zeitgenössische Dichter und Künstler persönlich kennengelernt hatte.

UNTERWEGS NACH BERLIN

Im Jahr 1844 kam Andersen, nachdem er noch im Königlichen Theater die Aufführung seines romantischen Einakters *Kongen drømmer (Der König träumt)* erleben konnte, wieder nach Berlin. Allerdings ging seine Reise nicht direkt in die preußische Hauptstadt. Die Route führte ihn von Kopenhagen, wo er am 23. Mai an Bord des Dampfschiffs »Christian VIII.« gegangen war, nach Kiel, von dort nach Hamburg und durch verschiedene andere Städte nach Naumburg und schließlich nach Weimar. Dort traf er am 24. Juni ein und wurde dem Großherzog von Sachsen-Weimar-Eisenach Carl Friedrich vorgestellt, der ihn äußerst herzlich empfing. Am 2. Juli schrieb Andersen an seinen Freund Edvard Collin in Kopenhagen einen Brief, in dem er von seinem Empfang in Weimar berichtet. Darin heißt es u. a.: »Jeden Tag gab es meinetwegen eine Gesellschaft. Und am Hof sagt man, ich habe großes Glück gebracht, selbst bei der Großherzogin, der Schwester des Kaisers von Rußland. Der junge Erbgroßherzog, verheiratet mit der Tochter des Königs von Holland, war mir gegenüber beispiellos liebenswürdig …«[50]

Erbgroßherzog Carl Alexander, den Andersen, zusammen mit Kanzler Müller und Goethes Mitarbeiter Johann Peter Eckermann, auf seinem nahe bei Weimar gelegenen Schloß Ettersburg besuchte, träumte davon, nach seinem Regierungsantritt aus Weimar eine Dichter- und Künstlerstadt zu machen, wie zu Zeiten des 1832 verstorbenen Dichterfürsten. Carl Alexander versuchte daher, Andersen zu überreden, nach Weimar zu ziehen und sich dort anzusiedeln. Aber damit hatte er kein Glück. Trotzdem aber blieben die beiden echte Freunde. Als Dank für die überaus große Freundlichkeit, mit der man ihn am Hof aufgenommen hatte, las er, wie er in seiner Autobiographie schreibt, der dortigen Gesellschaft ein Märchen vor – und zwar auf deutsch. Das war *Der tapfere Zinnsoldat*, der alle begeisterte. Später führte Kanzler Müller den dänischen Dichter in die Fürstengruft zu Carl August und dessen Gemahlin und natürlich zu Goethe und Schiller. Andersen hatte sich einen langersehnten Wunsch erfüllt. In seiner Autobiographie schreibt er: »Eine seltsame Lust trieb mich dazu, diese Stadt zu sehen, in der Goethe, Schiller, Wieland und Herder gelebt hatten, und von wo so viel Licht über die Welt geströmt war.«

Von Weimar reiste Andersen weiter nach Jena, Dresden, Leipzig und Halle, von wo es nach kurzen Aufenthalten direkt nach Berlin ging. Am 25. Juli traf er in der preußischen Hauptstadt ein und stieg in Meinhards Hotel, Unter den Linden 32,

Ecke Charlottenstraße, einem der ersten Häuser der Stadt, ab. Dort aß er, wie er schreibt »ein gutes Mittag« spazierte dann, zu einem Geschäft, wo er sich – wie schon früher in Berlin – einen neuen Hut kaufen wollte. Es handelte sich dabei natürlich – so wie das damals in der Biedermeierzeit Mode war – um einen »hohen Hut« – einen Zylinder. Alte Bilder lassen diese Art männlicher Kopfbekleidung, die im 18. Jahrhundert in England aufgekommen war, bestechend deutlich erkennen. Seit Mitte des 19. Jahrhunderts gab es diesen »hohen Hut« – der vorher nur mit schwarzer Seide bezogen war – auch farbig und aus Filz. Daß Andersen sich immer in Berlin einen neuen Hut kaufte, lag vielleicht daran, daß die Berliner Zylinder besser oder modischer als die in Kopenhagen waren oder der mitgebrachte während der langen Reisen zu sehr litt.

Anschließend traf er den Professor Henrich Steffens (1773–1845), jenen norwegisch-dänischen Philosophen und Naturwissenschaftler, der 1802 die deutsche Romantik nach dem Norden vermittelt hatte. Steffens, der in Stavanger geborene Norweger – Norwegen gehörte damals zu Dänemark – studierte in den 70er Jahren des 18. Jahrhunderts in Kopenhagen Naturwissenschaften, machte dann Reisen durch Norwegen und ging schließlich endgültig nach Deutschland. Dort begann er 1796 in Kiel mit naturwissenschaftlichen Vorlesungen, war dann in Jena tätig und nach seiner Rückkehr aus Dänemark, wurde er an die Universität in Halle berufen. 1811 lehrte er in Breslau, und 1813 nahm er als Freiwilliger an den Freiheitskriegen teil und begann nach Friedensschluß wieder seine Lehrtätigkeit in Breslau. 1831 folgte er schließlich einem Ruf an die Berliner Universität.

Wie Andersens erste Begegnung mit Steffens verlief, ist aus seinen Tagebuchaufzeichnungen nicht zu ersehen. Aber er kam bald wieder mit ihm zusammen. Und da muß es wohl ganz unterhaltsam zugegangen sein; denn Steffens mußte bei einer aktuellen Geschichte, die ihm Andersen erzählte, des öfteren herzhaft lachen. Es ging dabei um den Besuch seines Gastes bei Jacob Grimm, von dem noch später die Rede sein wird.

Nachdem Andersen zum erstenmal Steffens begegnet war, traf er noch den dänischen Altertumsforscher Carl Chr. Rafn (1795–1864), der sich in Berlin aufhielt, aber bereits am nächsten Tag abreisen mußte. Vom 25. Juli stammt noch eine weitere Notiz in Andersens Tagebuch: »Im Theater eine neue Oper: ›Mara‹. Der Komponist Joseph Netzer dirigierte.« Diese Oper, die am 23. Juli 1844 auf die Bühne des Königlichen Schauspielhauses kam, erlebte nur drei Aufführungen. Außer dem 23. Juli noch am 25. Juli – wie Andersen notierte – und am 6. August. Dann wurde sie abgesetzt. Vermutlich wegen zu geringen Interesses des Publikums. Der Komponist Joseph Netzer (1818–1864), ein gebürtiger Tiroler, hatte in Berlin mit diesem romantischen Werk kein Glück, obwohl der Librettist Johann Otto Prechtler (1813–1881) ein damals bekannter Dichter war. Er stammte wie Netzer aus Österreich und hatte neben einer Reihe von Dichtungen etwa vierzig Libretti geschrieben. Ob Andersen diese Oper gesehen hat, ist unklar. Bei früheren Theaterbesuchen hinterließ er ja meistenteils seine Eindrücke in seinen Aufzeichnungen. Hier aber notierte er nur den Hinweis auf diese Oper. Allerdings setzte er das Prädikat des letzten Satzes ins Imperfekt (dirigierte), was eventuell auf einen Besuch der Oper deuten kann. Das könnte man auch aus dem folgenden Satz schließen: »Ging Unter den Linden mit Gelüsten.« Dieser Spaziergang muß spät am Abend stattgefunden haben, also vielleicht nach einer Opernaufführung. Daß Andersen bei seinem abendlichen Spaziergang Unter den Linden in eine solche Stimmung kam, hängt sicherlich mit den dort flanierenden »Damen« zusammen, die aus einem der »vornehmsten« Etablissements der Stadt kamen, das in der Behrenstraße lag, unweit der »Linden«. Wenn man bedenkt, daß die Prachtstraße Berlins vornehmste Adresse war – viele bedeutende Persönlichkeiten hatten dort ihre Wohnung – kann man wohl mit Recht sagen, daß die dort beschäftigten Mädchen Unter den Linden ihre beste »Laufgegend« hatten. Hinzu kommt noch, daß die flanierenden »Damen« – der vornehmen Gegend entsprechend – elegant gekleidet und meist jung und schön waren. Unter den vielen Menschen, die dort allabendlich promenierten, fielen sie als Prostituierte kaum auf, es sei denn, sie gaben sich zu erkennen.

Am nächsten Tag, dem 26. Juli 1844, muß Andersen ein Mammutprogramm absolviert haben. Von dreißig Besuchen ist die Rede. Das geht aus einem Brief obigen Datums hervor, den er an Jonas Collin geschrieben hatte. In diesem Brief berichtete er ihm von einer merkwürdigen und für ihn sehr enttäuschenden Begegnung mit Jacob Grimm.[51]

ANDERSEN UND DIE BRÜDER GRIMM

Andersen hatte die Brüder Grimm in ihrer im Frühling 1841 in der Lennéstraße Nr. 8, am Rande des Tiergartens, neu bezogenen Wohnung, aufgesucht, weil sie oft mit ihm verglichen wurden, und er sie kennenlernen wollte. Dieser Vergleich war jedoch falsch; denn ihre *Kinder- und Hausmärchen* hatten eindeutig einen anderen Charakter als Andersens Märchen. Die Brüder

Grimm hatten ihre Märchenaufzeichnungen nach den Erzählungen der Frau des Apothekers Wild in Kassel, dessen Töchtern, sowie der Haushälterin Marie Müller und später der »Märchenfrau« Viehmann aus Niederzwehren bei Kassel gemacht. Das bestätigte auch Wilhelm Grimm bei der Herausgabe des ersten Bandes. »Unsere einzige Quelle«, so führte er aus, »ist die mündliche Überlieferung gewesen, die uns nicht ganz arm geflossen, da wir an sechzig etwa, recht schöne Stücke zusammengebracht haben, wir werden auf diese Weise manches Unbekannte geben.«

Nach Berlin waren die Brüder Grimm – Wilhelm mit Familie und Jacob als Junggeselle – durch eine 1840 erfolgte Berufung an die Berliner Universität gekommen. Die war auf Anraten von Alexander von Humboldt, Bettina von Arnim und Friedrich Karl von Savigny zustandegekommen, und von dem gerade auf den Thron gekommenen König Friedrich Wilhelm IV. ausgesprochen worden. An sich war das eine für Friedrich Wilhelm komplizierte Angelegenheit. Denn die Brüder Grimm gehörten zu den sogenannten Göttinger Sieben. Das waren außer ihnen die Göttinger Professoren F. C. Dahlmann, G. G. Gervinus, G. H. Ewald, W. E. Albrecht und W. E. Weber. Die hatten 1837 gegen die Aufhebung der Verfassung durch König Ernst August von Hannover protestiert und die Teilnahme an der Neuwahl verweigert. Sie wurden daraufhin entlassen. Jacob Grimm, Dahlmann und Gervinus des Landes verwiesen. Eigentlich sollten diese Professoren nirgendwo im Deutschen Bund mehr lehren dürfen. Aber der kulturinteressierte neue preußische König sah darüber hinweg und holte die Brüder Grimm nach Berlin. Übrigens war Jacob Grimm einer der ersten Wissenschaftler, dem Friedrich Wilhelm IV. den auf Alexander von Humboldts Empfehlung 1842 gestifteten Pour le mérite für Wissenschaften und Künste verlieh.

Die Brüder Grimm hatten ihre Märchen nach den Erzählungen der oben genannten Frauen aus Hessen aufgezeichnet. Und sie kommentierten diese Aufzeichnungen u. a. mit den Worten: »Wir haben uns bemüht, diese Märchen so rein als möglich war, aufzufassen. Kein Umstand ist hinzugedichtet oder verschönert und abgeändert worden; denn wir hätten uns gescheut, in sich selbst so reiche Sagen mit ihrer eigenen Analogie oder Reminiszenz zu vergrößern.« Aber sie wiesen auch darauf hin: »Daß der Ausdruck und die Ausführung des einzelnen großenteils von uns herrührt, versteht sich von selbst.« Man kann also die Märchen der Brüder Grimm als eine Art Volksmärchen bezeichnen, die durch die Redaktion zweier Folkloristen gegangen sind. Anders verhält es sich mit den Märchen von Andersen. Zwar

Die Brüder Grimm. Links Wilhelm, daneben Jacob Grimm.
Nach einer Radierung von Ludwig Emil Grimm.
Slg. des Autors. Foto: Hans-Christian Barüske

benutzt Andersen auch hier und da Volksmärchen als Vorlage.
So hat beispielsweise der dänische Literaturhistoriker Georg
Christensen (1877–1966) in zwei Artikeln über Hans Christian
Andersen, darauf hingewiesen, daß Andersen bei sieben seiner
Märchen Volksmärchen als Quelle benutzt hat. Wenn man aber
die großen Dichtungen der Weltliteratur in dieser Beziehung
untersucht, wird man feststellen, daß viele bedeutende Werke,
die die Zeiten überdauert haben, Autoren hatten, die ihren Stoff
ebenfalls aus Vorlagen schöpften. Und was sind schon sieben
Märchen, im Verhältnis zu der Vielzahl, die aus Andersens Feder stammen? Aber auch dänische Sagen sind ihm bei seinen Arbeiten ins Blickfeld gekommen. So beispielsweise die alte dänische Sage von Dänemarks Nationalhelden Holger Danske, die
in der Chronik von Christiern Pedersen *Olger Danskes Krønike*
(1534) steht und lange Zeit ein beliebtes Volksbuch war. Daraus
machte Andersen ein wunderschönes Märchen, das mit den Sätzen beginnt: »In Dänemark liegt ein altes Schloß, das heißt
Kronborg. Es liegt dicht am Øresund, wo die großen Schiffe jeden Tag zu Hunderten vorbeifahren, sowohl englische und russische, wie preußische. Und sie begrüßen das alte Schloß mit Ka-

nonen: ›Bum!‹ Denn so sagen die Kanonen statt ›Guten Tag!‹ und ›Schönen Dank!‹ – Im Winter segeln da keine Schiffe; dann ist alles mit Eis bedeckt bis hinüber zur schwedischen Küste …«[52]

Verglichen mit Grimms Märchen sind Andersens in ihrer großen Mehrzahl Kunstmärchen eines genialen Dichters, der mit ihnen die ganze Welt erobert hat. Und zu ihrer Verbreitung gibt es wohl – mit Ausnahme der Bibel – kaum ein Seitenstück. Selbst die Brüder Grimm, deren *Kinder- und Hausmärchen* ebenfalls in viele Sprachen übersetzt sind, stehen in dieser Beziehung im Schatten des dänischen Dichters. Daß dem so ist, liegt an der Tatsache, daß die meisten seiner Märchen aus der Phantasie des Dichters geboren und aus seiner genialen Gestaltungskraft zu Papier gebracht wurden.

In Berlin kam Andersen zum erstenmal in das Haus der Brüder Grimm. Lange blieb er allerdings dort nicht. Denn Jacob Grimm, der sein Gesprächspartner war, kannte ihn gar nicht. So verließ er schwer enttäuscht und ärgerlich das Haus am Tiergarten nach kurzer Zeit wieder. Andersen hatte seiner Begegnung mit Jacob Grimm und später auch mit Wilhelm Grimm eine solche Bedeutung beigemessen, daß er daraus später ein kleines Kapitel in seiner Autobiographie gemacht hat, das hier wiedergegeben wird:

»Von Rauch (der Bildhauer Christian Daniel Rauch) bekam ich in Berlin (Hans Christian Andersen spricht von seinem Berliner Aufenthalt 1845) meinen ersten Willkommensgruß. Er erzählte mir, welchen großen Freundeskreis ich in Preußens Hauptstadt hätte. Und ich mußte bald die Wahrheit erkennen. Es waren die edelsten Persönlichkeiten in der Gesinnung, sowie die Ersten von Rang in Kunst und Wissenschaft, die mir entgegenkamen: Alexander Humboldt, Fürst Radziwill, Savigny und so viele Unvergeßliche. Bereits als ich das vorige Mal hier war (Hans Christian Andersen meint das Jahr 1844), hatte ich die Brüder Grimm aufgesucht, war aber damals mit der Bekanntschaft nicht weitergekommen. Ich hatte damals kein Empfehlungsschreiben mitgebracht, weil man mir sagte, und ich selbst auch glaubte, wenn mich jemand in Berlin kennt, dann müßten es die Brüder Grimm sein. Ich suchte ihre Wohnung auf, ein Dienstmädchen fragte mich, mit wem von den beiden ich sprechen wollte. ›Mit dem, der am meisten geschrieben hat‹, sagte ich, da ich damals noch nicht wußte, wer von ihnen sich am meisten mit der Ausgabe der Volksmärchen beschäftigt hatte. – ›Jacob ist der gelehrteste‹, sagte das Mädchen. – ›Ja, dann führen Sie mich zu ihm!‹ – Ich kam in sein Zimmer, und vor mir stand Jacob Grimm mit dem klugen, charakteristischen Gesicht.

›Ich komme zu Ihnen ohne Empfehlungsschreiben, da ich annehme, daß Ihnen mein Name nicht ganz fremd sein dürfte‹, sagte ich.

›Wer sind Sie?‹ fragte er.

Ich sagte es. Und Jacob Grimm erklärte halb verlegen: ›Ich weiß nicht, ob ich Ihren Namen schon einmal gehört habe. Was haben Sie geschrieben?‹

Jetzt wurde ich verlegen, nannte meine Märchen.

›Ich kenne sie nicht‹, sagte er, ›aber nennen Sie mir ein anderes Ihrer Werke. Dann habe ich es vielleicht schon einmal nennen gehört.‹

Ich nannte den ›Improvisator‹ und noch ein paar andere meiner Bücher. Er schüttelte den Kopf. Und ich fühlte mich jetzt ganz schlecht.

›Was müssen Sie von mir denken‹, begann ich, ›so wie ich als Wildfremder bei Ihnen hereingekommen bin und selbst aufgezählt habe, was ich geschrieben habe. – Aber Sie müssen mich doch kennen. Mir ist eine dänische Sammlung mit Märchen aller Nationen bekannt, herausgegeben von Molbech und Ihnen dediziert, darin steht zumindest ein Märchen von mir.‹

Gutmütig aber verlegen, wie ich es selbst war, sagte er: ›Ja, das Buch habe ich nicht gelesen. Aber es freut mich, Sie kennengelernt zu haben. Darf ich Sie zu meinem Bruder Wilhelm führen?‹

›Nein, danke!‹ sagte ich und wünschte nur, wegzukommen. Es war mir bei dem einen Bruder gerade schlecht genug ergangen, so daß ich keine Lust hatte, dasselbe bei dem anderen zu probieren. Ich drückte seine Hand und beeilte mich fortzukommen.

Einige Wochen später in Kopenhagen, als ich gerade meine Koffer packte, um in die Provinzen zu reisen, trat Jacob Grimm in Reisekleidern bei mir ein. Er war nach Kopenhagen gekommen, gerade an Land gestiegen und unterwegs zum Hotel. Als er an meiner Wohnung vorbeikam, war er sofort zu mir nach oben gestiegen. Denn: ›Jetzt kenne ich Sie‹ sagte er. Herzlich drückte er meine Hand und schaute mich milde mit seinen klugen Augen an. Der Postknecht, der meine Sachen abholen sollte, kam plötzlich herein. Ich hatte nur noch wenige Minuten. Und die Begegnung in Kopenhagen wurde ebenso kurz wie in Berlin. Aber jetzt kannten wir uns. Nun waren wir alte Bekannte, die später wieder zusammenkamen.

Jacob Grimm ist eine der Persönlichkeiten, die man lieben und der man sich anschließen muß. Auch seinen Bruder lernte ich jetzt kennen und schätzen. Eines Abends las ich bei der Gräfin Bismarck-Bohlen eins meiner Märchen. In diesem Kreis hörte mir einer mit sichtbarer Teilnahme zu und äußerte sich klug und speziell. Das war Wilhelm Grimm.

›Ich hätte Sie sehr wohl gekannt, wenn Sie damals, als Sie zuletzt hier waren (in Berlin, 1844, d. Verf.), zu mir gekommen wären‹ sagte er. Später kam ich fast täglich mit diesen beiden begabten, liebenswürdigen Brüdern zusammen. Die Kreise, in denen ich verkehrte, schienen auch die Ihren zu sein. Und es war mir ein Vergnügen und eine Freude, daß sie meinen Märchen lauschten, daß sie mir mit Anteilnahme folgten, sie, deren Name ewig stehen wird, solange deutsche Volksmärchen gelesen werden. – Es hatte mich während meines vorigen Aufenthalts in Berlin verstimmt, daß Grimm mich überhaupt nicht kannte. Und wenn sich damals jemand stark äußerte wie bekannt und beliebt ich in Berlin sei, schüttelte ich den Kopf und äußerte meine Zweifel mit den Worten: ›Grimm kannte mich überhaupt nicht!‹ – Jetzt war es erreicht!‹«[53]

Wer waren nun diese vielen Menschen, die er an jenem 26. Juli in Berlin aufsuchte? Seine Tagebuchaufzeichnungen nennen nur kurz die Namen verschiedener Persönlichkeiten, die er an diesem Tag traf. Von Grimm war ja schon die Rede. Eine kurze Eintragung gibt zu erkennen, daß er mit dem Grafen Christian Danneskiold-Samsøe zusammenkam, einem hohen dänischen Hofbeamten und Großgrundbesitzer, sowie mit J. F. Bardenfleth, dem Reisestallmeister des Königs Christian VIII. und dessen späterem Kammerherrn. Beide Herren waren Dänen. Es ist immer wieder erstaunlich, wie vielen Landsleuten Andersen bei seinen Besuchen in Preußens Hauptstadt begegnete. Es waren jedoch nicht immer nur Personen von Rang. In seiner letzten Tagebuchaufzeichnung, die er während dieses Berlin-Besuchs gemacht hatte, nämlich am 31. Juli 1844, heißt es u. a.: »Abends bei Løvenørn (der dän. Chargé d'affaires in Berlin, d. Verf.), wo ich Bielke und Holck traf (ebenfalls zwei Dänen, d. Verf.). Auf dem Wege dorthin begegnete ich zwei dänischen Handwerksburschen, die mir erzählten, daß sie und mehrere andere von ihnen am letzten Sonntag in Potsdam auf mein Wohl getrunken hätten. Ich war darüber ganz bewegt!«[54]

Diese Präsenz von Dänen in Preußens Hauptstadt zeigt deutlich einen Teil der vielfältigen Wechselbeziehungen zwischen den beiden Königreichen.

Aber selbstverständlich machte Andersen auch wieder seine obligaten Besuche bei deutschen Persönlichkeiten. Alexander von Humboldt konnte er nicht gleich treffen. Andersen hatte versucht, ihm am 26. Juli einen Besuch abzustatten, traf ihn aber nicht in seiner Berliner Wohnung an. Doch er hatte ein paar Tage später Glück. Am 30. Juli. konnte er den berühmten Wissenschaftler und Begründer der modernen Geographie begrüßen. Am 26. Juli aber traf er Adolf Glaßbrenner an. Daß er zu ihm kam, deutet auf sein Interesse für das Volkstümliche in Berlin. Denn Glaßbrenner hatte wohl wie kein anderer das Leben des Berliner Volkes beobachtet und beschrieben. Er hatte den Volkscharakter und die Mundart der Berliner literaturfähig gemacht. Am bekanntesten wurden wohl seine zweiunddreißig Hefte *Berlin, wie es ist und – trinkt* (1832–1850), in denen das Berliner Original, der Eckensteher Nante, zum Leben erweckt wurde und der auf der Bühne des Königsstädtischen Theaters, dargestellt durch den Schauspieler und Komiker Friedrich Beckmann, die Berliner zu hellen Begeisterungsstürmen brachte. Aber Glaßbrenner war ständig von Zensur, Schreibverboten und Verfolgungen bedroht und mußte daher zeitweise Berlin verlassen.

Sein nächster Besuch galt dem Journalisten, Lyriker und Märchendichter Hermann Kletke (1813–1886), der u. a. Autor eines Handbuchs zur neueren deutschen Literatur in zwei Bänden war, das 1845 in Berlin erschien. Andersen hatte sicherlich interessante Gespräche mit ihm geführt, die sich wohl besonders auf Kletkes Meinung zur neueren deutschen Literatur bezogen, da Kletke damals ja gerade an seinem Handbuch arbeitete. Aber auch über Märchen werden sie gesprochen haben. Denn in seiner Autobiographie schreibt Andersen, daß er ihm im vergangenen Jahr (1843) den zweiten Teil seiner *Deutschen Märchen* dediziert hätte, während Kletke den ersten Teil Ludwig Tieck gewidmet habe. Wie es dazu in den kommentierenden Anmerkungen der beiden dänischen Wissenschaftler H. Topsøe-Jensen und Henrik Gerner Olrik heißt, soll es sich bei den Andersen gewidmeten *Deutschen Märchen* um den 1841 in Berlin erschienenen *Almanach deutscher Volks- und Kindermärchen* gehandelt haben.

Nach dem Besuch bei Kletke ging er dann noch, wie bereits oben erwähnt, zu Steffens, wo er Friedrich Wilhelm Schelling und dessen Tochter antraf. Der Philosoph Schelling (1775–1845) hatte ein pantheistisches System der Naturphilosophie entworfen, das längere Zeit eine gewisse Rolle in der Entwicklung der klassischen Philosophie spielte. Schelling wurde 1842 an die Berliner Universität berufen, wo man ihn, der erzkonservativ war, als Gegenspieler von Hegels Philosophie des deutschen Idealismus haben wollte. Hegel war allerdings schon 1831 gestorben. Ob Andersen an den Gesprächen von Steffens und Schelling Interesse hatte, ist zu bezweifeln. Jedenfalls findet man in seinem

Tagebuch die kurze Eintragung: »Amüsierte mich nicht.« Allerdings hatte Andersen Steffens von dem Besuch bei Jacob Grimm erzählt und damit ein lustiges Intermezzo bei den vermutlich philosophischen Gesprächen ausgelöst.

Der letzte Satz, den Andersen am 26. Juli in sein Tagebuch eintrug, lautete: »Die Häuser Unter den Linden zu Ehren des Königs illuminiert!« Da der 26. Juli ja nicht der Geburtstag des Königs war, könnte diese festliche Beleuchtung der Berliner Prachtstraße nur einen Zusammenhang mit einer anderen Eintragung unter obigem Datum haben: »Es wurde heute auf den König geschossen, er wurde aber nicht verletzt.«[55]

Dieses Attentat hatte der Storkower Bürgermeister Ludwig Tschech am 26. Juli begangen. Er wurde am 14. Dezember 1844 hingerichtet. Daß diese Tat eines der ersten Vorzeichen der langsam eskalierenden Volksstimmung war, ist wohl kaum zu bezweifeln. Die Menschen der unteren Schichten und die liberalgesinnten Bürger bedrückte das reaktionäre Regime im damaligen Preußen, aber auch in anderen deutschen Bundesländern, immer mehr. Und man versuchte eine neue Ordnung herbeizuführen, die schließlich in der Revolution von 1848 kulminierte und blutig beendet wurde.

Daß Andersen mit dem Attentat auf den König solche Gedanken verband, ist kaum anzunehmen. Politik war nicht seine Sache. Das hatte er schon einmal erklärt. Außerdem waren Fürsten und Könige seine Gönner.

Die nächsten Tage vom 27. Juli bis zum 1. August waren wieder angefüllt mit vielen unterschiedlichen Besuchen. Zwar lebte Andersens bester Freund und Förderer, Adelbert von Chamisso, nicht mehr. Aber er konnte seine Kinder sehen, an die er sich noch gut erinnerte und oft daran dachte, wie schön sie in Chamissos Garten gespielt hatten. Und er mußte auch an die schlimme Zeit denken, als zuerst ihre Mutter starb und bald danach der Vater. Als er den Söhnen jetzt begegnete, waren sie bereits junge preußische Offiziere. Andersen mußte bei ihrem Anblick an die schnell dahinfließenden Jahre denken. Und er schrieb in seine Autobiographie den Satz: »Ich fühlte einen Augenblick, wie die Jahre dahinrollen, wie sich alles verändert und was man verliert.« Doch er tröstete sich und schrieb dann weiter die Zeilen:

> So groß, wie man erzählt, ist nicht die Lücke,
> Geh'n unsre Lieben fort aus dem Gewimmel,
> Sie sind bei Gott und schlagen eine Brücke
> Von unserer Erde bis zu ihrem Himmel.[56]

ANDERSEN LERNT BETTINA VON ARNIM KENNEN

Nach diesen tröstenden Zeilen schreibt Andersen in seiner Autobiographie weiter, daß sich jetzt in Berlin ein neuer Familienkreis für ihn erschloß. Darin lernt er nun die wohl berühmteste Frau in der damaligen preußischen Hauptstadt kennen: Bettina von Arnim.

Andersen war am 27. Juli 1844, einem Sonnabend, bei dem Minister Friedrich Karl von Savigny eingeladen. Der Jurist Savigny war tonangebend in der historischen Rechtsschule, die sich zu Anfang des 19. Jahrhunderts gebildet hatte und eine mystisch-romantische Richtung in der Rechtswissenschaft vertrat. 1811 ließ ihn König Friedrich Wilhelm III. an die neugegründete Berliner Universität berufen. Er wurde auch Mitglied der Akademie der Wissenschaften. Seine Berufung zum Minister für Gesetzgebungsrevision erfolgte 1842. Von seiner wissenschaftlichen schriftstellerischen Tätigkeit sei hier nur seine berühmte *Geschichte des Römischen Rechts im Mittelalter* (1840–1848) genannt. Nach seiner Berufung als Professor an die Berliner Universität hatte sich Savigny, der von der Universität Landshut gekommen war, zuerst am Monbijouplatz Nr. 1 niedergelassen, zog aber später in das Haus Nr. 3 am Pariser Platz, wo er auch um 1825 seine Schwägerin Bettina von Arnim mit ihren Kindern eine Zeitlang aufnahm. Und dort wurde Andersen – nicht weit von seinem Hotel – herzlich von dem Hausherrn empfangen und Bettina von Arnim vorgestellt. Diese Begegnung gibt Andersen in seiner Autobiographie wieder. Es heißt dort: » Bettina, Goethes Bettina, sie und Frau Savigny sind Schwestern von Clemens Brentano. Bettinas hübsche, geistvolle Tochter, die jüngste, hat das poetische Märchen *Mondkönigs Tochter* geschrieben. Sie lernte ich zuerst kennen. Sie führte mir im Salon die Mutter zu. ›Nun, was sagst du zu ihm‹, war ihre Frage. Bettina betrachtete mich, ließ ihre Hand über mein Gesicht gleiten: ›Passable!‹, sagte sie und ging schnell fort, kam aber in ihrer originellen und liebenswürdigen Art wieder zurück. Eine einstündige Unterhaltung mit Bettina, in der sie das Wort führte, war so reich, so interessant, daß ich verstummte, während ich der Beredsamkeit lauschte, diesem Feuerwerk von Ideen«[57]

Die Begegnung mit Bettina von Arnim muß für Andersen wohl das größte Erlebnis seines Juli-Besuchs in Berlin gewesen sein. Schon früh begann Bettina, die 1785 in Frankfurt am Main als Tochter eines wohlhabenden Kaufmanns geboren wurde, sich für Literatur zu interessieren. 1811 hatte sie sich mit Achim von Arnim, dem Freund ihres Bruders Clemens Brentano, verheiratet und sieben Kindern das Leben geschenkt. Die beiden Freunde, Achim von Arnim und Clemens Brentano, die sich in Göttingen kennengelernt hatten, gaben gemeinsam 1805 die Volksliedersammlung *Des Knaben Wunderhorn* heraus, von der der zweite und dritte Band 1808 erschien. Achim von Arnim hatte nach seiner Hochzeit zusammen mit seiner jungen Frau, das Familiengut der Arnims, Wiepersdorf in Brandenburg besucht. Dort hatten sie ihren Wohnsitz genommen. Bettina bezog später einen zweiten Wohnsitz in Berlin, während ihr Mann als Landwirt auf dem Gut blieb. Nach seinem Tod (1831) blieb sie endgültig in der preußischen Hauptstadt wohnen.

Schon 1807 hatte sie einen Besuch bei Goethe in Weimar gemacht, gab aber erst 1835 ihr erstes Buch heraus: *Goethes Briefwechsel mit einem Kinde*. Dieser fiktive Briefroman wurde zu einem großen Erfolg und machte Bettina mit einen Schlag berühmt. 1839 protestierte sie in einem Schreiben an ihren Schwager Savigny und darauf an den Kronprinzen Friedrich Wilhelm, der später König wurde, gegen die Entlassung der Brüder Grimm in Göttingen. 1840 erschien dann wieder ein Briefroman: *Die Günderode*. Ein Buch, das etwas über einen wesentlichen Abschnitt des Lebens der Autorin berichtet, und den Studenten, der Jugend, gewidmet ist, von der es begeistert aufgenommen wurde.

Von ihren weiteren Publikationen sei hier nur noch das Werk *Dies Buch gehört dem König* genannt, das 1843 erschien, und in dem sie eine realistische Schilderung der Lebensverhältnisse des Berliner Proletariats gibt. Das Material zu diesem kritischen Werk, das ganz und gar ihr soziales Anliegen zeigt, hatte sie von dem jungen Arzt Heinrich Grunholzer bekommen. Damit hatte sich Bettina voll und ganz auf das Gebiet der Politik begeben. Eine tapfere Frau, befanden sich doch unter den Ratgebern des Königs manche, die die Publikation von sozialen Mißständen als staatsfeindlich ansahen. Und so lag es natürlich auf der Hand, daß dieses Buch den Unwillen und Zorn der konservativ-reaktionären Besitzenden auslöste.

Diese Frau hatte Andersen also bei den Savignys schätzen und bewundern gelernt. Als die Abendgesellschaft bei dem preußischen Minister sich schließlich ihrem Ende näherte, und man sich für den Heimweg fertigmachte, ließ Bettina ihren Wagen leer nach Hause fahren und ging zu Fuß heim. In ihrer Begleitung waren ihre Töchter und der preußische Generalmajor August Prinz von Württemberg. Da Bettina damals ihre Wohnung im zweiten Stock des Palais des Grafen Raczynski Unter den Linden Nr. 21 hatte, war es für Andersen ganz natürlich, sich der kleinen Gesellschaft anzuschließen; denn sein Hotel lag nicht weit von Bettinas Wohnung entfernt. In seiner Autobiographie beschreibt er diesen späten Heimweg wie folgt: »Als die Gesellschaft abends aufbrach, ließ sie ihren Wagen leer heimfahren. Wir gingen zusammen Unter den Linden spazieren. Der Prinz von Württemberg hatte ihr den Arm gereicht. Ich ging mit den jungen Mädchen. Vor Meinhards Hotel, wo ich wohnte, machten wir halt. Bettina stellte sich vor der Treppe auf, legte nach Art des Militärs die Hand an die Stirn und sagte: ›Gute Nacht, Kamerad! schlafen Sie wohl!‹ – Als ich sie zwei Tage später in ihrem Haus besuchte, gab sie sich anders, zwar ebenso geistvoll, aber nicht oberflächlich scherzend. Sie schien mir tief und herzlich zu sein. Ihre Bücher kennt die Welt, aber ein Talent an ihr ist weniger bekannt, das ist ihre Genialität im Zeichnen. Das heißt, hier ist es wiederum die Idee, die uns überrascht. So hatte sie in einer Skizze festgehalten, was kürzlich geschah: ein junger Mann war durch Weingeist getötet worden. Halbnackt ließ sie ihn ins Gewölbe hinabsteigen, wo ringsum die Weinfässer gleich Ungeheuer lagen. Bachanten und Bachantinnen tanzten herbei, ergriffen ihr Opfer, umschlangen und töteten es. Ich weiß, daß Thorvaldsen, dem sie einmal alle ihre Zeichnungen zeigte, in höchstem Maß überrascht war.«[58]

Als Andersen sich nach seinem Besuch von Bettina verabschiedete, ging sie zum Bücherschrank und holte ihr Buch *Clemens Brentanos Frühlingskranz aus Jugendbriefen geflochten* aus dem Regal. Dieses, ihr 1844 herausgekommene Werk basiert auf dem Briefwechsel mit ihrem Bruder in der Zeit von 1801 bis 1803. – »Da haben Sie mein letztes Buch, lieber Andersen«, schrieb sie als Dedikation vorn hinein und gab es ihm mit nach Hause. Andersen war hochbeglückt. Die neue Freundschaft mit Bettina von Arnim, war für ihn, wie schon angedeutet, ein großes Erlebnis. Aber auch verschiedene andere Berliner Persönlichkeiten hatte er kennengelernt oder besucht. Besonders angetan war er von manchem Familienleben in Berlin. Das gilt besonders für die Familie des Professors Weiß, bei dem er sich mit einem Brief von Hans Christian Ørsted eingeführt hatte.

Christian Weiß (1780–1856), der als Professor für Mineralogie an der Berliner Universität lehrte, hatte den dänischen Dichter am 30. Juli zum Mittagessen eingeladen. Und der fühlte sich im Kreis der Familie dieses Gelehrten so glücklich, daß er später in seiner Autobiographie seine Eindrücke in diesem Berliner Haus mit folgenden Worten wiedergab: »Es tut in der Fremde so wohl, wenn man ein Haus findet, wo die Augen gleich Festlampen leuchten, wenn man eintritt. Ein Haus, in dem man in ein stilles, glückliches Familienleben hineinschaut. Und ein solches Haus fand ich bei Professor Weiß, bei dem mich ein Brief von H. C. Ørsted einführte. Es waren liebe Menschen. Indes, wie viele müßte ich nicht nennen an neuen Bekanntschaften, die angeknüpft an ältere, die erneuert wurden…«[59]

Dann nennt Andersen in diesem Zusammenhang u. a. die Namen Cornelius, Schelling, Steffens und Tieck.

EIN ABSTECHER NACH POTSDAM

In einem Brief an Jonas Collin hatte Andersen am 26. Juli geschrieben: »Morgen fahre ich nach Potsdam, um Tieck und Humboldt zu besuchen.« Aber es war wohl erst der 28. Juli, als er sich nach Potsdam auf den Weg machte. Die Datumsangaben in Andersens Tagebuch weichen manchmal ein wenig von anderen Quellen (Briefe, u. a.) ab. Jedenfalls suchte Andersen Tieck erst ein paar Tage vor seiner Heimreise auf.

Ludwig Tieck (1773–1853), der in Berlin als Sohn eines Seilermeisters geboren wurde, besuchte das dortige Friedrichs-Gymnasium auf dem Werder, studierte Philosophie in Halle, Göttingen und Erlangen und schloß sich dort dem Kreis der Frühromantiker an, zu dem Brentano, Schelling und die beiden Brüder Schlegel gehörten. Da ihm der Wunsch, Schauspieler zu werden, vom Vater verwehrt wurde, widmete er sich nun ganz und gar der Literatur. Von seinen wichtigen frühromantischen Werken seien hier nur *Geschichte des Herrn Lovell*, drei Bände (1795 ff.) und die dreibändige Ausgabe *Volksmärchen* (1792) genannt. Darin befinden sich u. a. die Märchen *Der gestiefelte Kater* und *Der blonde Eckbert*. Als Herausgeber bezeichnete Tieck einen Peter Lebrecht, der kein anderer als Tieck selbst war. Unter seinen Arbeiten befinden sich weiterhin Novellen, Lyrik, Theaterstücke, oft Bühnenmärchen, sowie Übersetzungen, u. a. die des *Don Quixote* des spanischen Dichters Miguel de Cervantes Saavedra und der Shakespeare-Dramen, unter Leitung von Tieck von A. W. Schlegel.

Ein monumentales Arbeitsprogramm, das Ludwig Tieck durchführte, den man auch den »König der Romantik« nannte. Zweiundzwanzig Jahre hatte Tieck als Dramaturg am Hoftheater in Dresden gelebt. Aber der preußische König Friedrich Wilhelm IV., der Tieck schon als Kronprinz verehrt und bewundert hatte, und der seit seinem Regierungsantritt möglichst viele Künstler, Dichter und Wissenschaftler in seine Hauptstadt holen wollte, hatte schon lange ein Auge auf ihn geworfen.

Und der König hatte Glück. Tieck kam nach Berlin. Er verließ Dresden 1841. In dem Jahr, in dem seine geliebte Tochter Dorothea gestorben war, nachdem er schon 1837 seine Frau verloren hatte. Überaus freundlich wurde Tieck vom König empfangen und bekam bis zur Fertigstellung des Elisabeth-Hauses eine königliche Wohnung im Schloß Sanssouci. Aber nicht genug damit. Der König ernannte ihn zum Geheimen Hofrat, setzte ein hohes Gehalt aus und verlieh ihm obendrein den Roten Adlerorden (1842). Im selben Jahr bekam er den Pour le mérite für Wissenschaften und Künste. Sogar über einen Sekretär durfte er verfügen und einen Kammerherrn. Außerdem bekam er einen Platz an der Tafel des Königs.

Als das Elisabeth-Haus in der damaligen Obeliskenstraße Nr. 1., am sogenannten Grünen Gitter, nicht weit vom Schloß Sanssouci, fertig war, konnte Tieck, zusammen mit seiner Lebensgefährtin, der halb erblindeten Gräfin Henriette von Finckenstein, dort einziehen. Es waren großartig eingerichtete Räume, die ihm dort in den Jahren 1842 bis 1850 als Wohnung dienten. Während der Wintermonate hatte er allerdings in Berlin, in der Friedrichstraße Nr. 208, eine gemütliche Wohnung.

Aber Tieck war in diesen Berliner Jahren nicht mehr der alte. Zwar gelang es ihm noch mehrere Inszenierungen griechischer Klassiker und vor allem Shakespeares *Sommernachtstraum* auf die Bühne des Neuen Palais zu bringen, was König und Publikum stark begeisterte. Aber sein physischer Zustand bedrückte ihn doch sehr. Bereits 1809 war er an Gicht erkrankt. Später machte ihm ein schwerer Unfall sehr zu schaffen. Und während seiner Übersiedlung nach Berlin hatte er einen Schlaganfall erlitten. Doch von Zeit zu Zeit konnte er dem König immer noch vorlesen, was sich der preußische Regent immer wieder gewünscht hatte.

Am 28. Juli konnte er Andersen in seinem neuen, schönen Haus empfangen. Seit langem hatte er ihn nicht mehr gesehen. Beide müssen sehr gerührt gewesen sein, als sie sich nach so vielen Jahren wiedersahen. Von der Lage des Hauses, in der Nähe des Schlosses und mit Blick auf die wunderbaren Garten- und Parkanlagen, gestaltet vom königlichen preußischen Generaldirektor Peter Joseph Lenné (1789–1866), muß Andersen sehr beeindruckt gewesen sein. Tieck hatte seinen dänischen Gast zum Essen eingeladen, an dem noch einige andere Persönlichkeiten teilnahmen. Bei der herzlichen Begrüßung war Andersen aufgefallen, daß Tieck einen anderen Eindruck auf ihn machte, als damals in Dresden, wo er ihn 1831 besucht hatte. Aber es waren ja seit jener Zeit über zehn Jahre verflossen, in denen Tiecks Krankheiten seinen Habitus verändern konnten.

Das Stadtschloß in Potsdam (um 1830). Nach einem Gemälde von W. Barth. Das Bild ist vermutlich identisch mit einer 1830 von Friedrich Wilhelm III. erworbenen Ansicht des Schlosses. (Stadtmuseum Berlin)

In seiner Autobiographie beschreibt Andersen seinen Besuch bei Tieck in prägnanter Form wie folgt: »Tieck hatte ich seit meinem ersten Ausflug nach Deutschland nicht mehr gesehen. Er hatte sich verändert. Aber die klugen, gütigen Augen waren dieselben. Der Händedruck war der gleiche. Ich fühlte, er war mir liebevoll gewogen und gut. Ich mußte ihn draußen in Potsdam besuchen, wo er in schöner und reicher Umgebung wohnte. Beim Mittagessen dort, lernte ich seinen Bruder, den Bildhauer, kennen. Ich erfuhr, daß der König und die Königin von Preußen mir gnädig und geneigt waren, daß sie meinen Roman *Nur ein Geiger* gelesen hatten, der ihnen sehr gefallen hatte, und daß sie daher Tieck über mich ausgefragt hatten. Die Majestäten waren in diesen Tagen abgereist. Ich war gerade an dem Abend vor ihrer Abreise in Berlin angekommen, als das abscheuliche Attentat verübt wurde.«[60]

Daß der König und seine Gemahlin Andersens Roman *Nur ein Geiger* mit Interesse gelesen haben und daß er ihnen gefiel, erfreute Andersen natürlich sehr. Dem König sollen ja beim Lesen manchmal die Tränen in die Augen gekommen sein, wie bereits oben berichtet wurde. Aber daß das Herrscherpaar Tieck nach ihm »ausgefragt« hatte, könnte Andersen ja vielleicht zuerst etwas stutzig gemacht haben. Vielleicht aber war er auch erfreut über die indirekte Vorstellung durch Tieck; denn der konnte über Andersen nur Gutes berichten. Sicher hatte er dem

König erzählt, daß er ihn durch einen Empfehlungsbrief des bedeutenden dänischen Dichters Bernhard Severin Ingemann kennenlernte und daß er in hohem Ansehen bei Hans Christian Ørsted stand, den der König sehr schätzte, was er 1842 mit der Verleihung des Ordens Pour le mérite für Wissenschaften und Künste bekundete. Zudem hatte ja auch Alexander von Humboldt Andersen und seine Märchen kennen und schätzen gelernt, sodaß jetzt die Tür zum König für ihn offen stand. Da es in Hofkreisen – wohl durch Humboldt – bekannt war, daß Andersen bereits an einem der nächsten Tage Berlin verlassen und die Heimreise antreten würde, hatte man ihm wohl keine Einladung an den Hof geschickt, sondern die Vorstellung beim König auf den nächsten Besuch des dänischen Dichters verschoben.

Nachdem sich Andersen von Tieck herzlich verabschiedet hatte, fuhr er in sein Berliner Hotel zurück. An den nächsten drei Tagen machte er dann noch die bereits erwähnten Besuche und fuhr schließlich am 1. August 1844, um neun Uhr, mit dem Güterzug nach Stettin, wo er um halb drei ankam und im Hotel de Prusse abstieg.

Kurz vor seiner Abreise aus der preußischen Hauptstadt, hatte er noch im letzten Augenblick einen überraschenden Gruß von seinen Berliner Freunden bekommen. Hermann Kletke, der Journalist, Märchenerzähler und Dichter, hatte extra für Andersens Abreise ein Gedicht geschrieben, das, vertont, ihm zum Abschied vorgesungen wurde. Es rührte ihn zutiefst. Er überlieferte es der Nachwelt, indem er es in der deutschen Originalfassung in seiner Autobiographie aufnahm, wo es nach den Zeilen »… ich bewahre das betreffende Lied als eine Blüte aus Berlin auf« steht:

AN H. C. ANDERSEN

Dir haben liebliche Elfen zur Nacht
Ihr schönstes Lied gesungen;
Der Berg, der Strom und die Waldespracht
Sind Dir in Lust erklungen.

Wie schimmert die goldene Märchenwelt!
Paläste, marmorne, steigen
Aus dunklem Grund – am Königszelt
Tanzen die Elfen den Reigen.

Du bist der Zauberer, der sie ruft,
Dir müssen sie alle dienen;
Du bist ihr König in Wald und Kluft,
In Gold- und Silberminen.

Ich steh von fern und lausche bang
In die duftige Welt der Träume,
Kaum daß ein leiser Sehnsuchtsklang
Durchzittert die rauschenden Bäume.

Und weht zu Dir solch einsamer Klang,
Mit den Blättern sturmgetrieben:
So nimm es als einen deutschen Dank
Von Herzen, die Dich lieben!

Andersens Tagebuchaufzeichnungen vom 2. August 1844, dem Tag seiner Abreise aus Stettin, lauten: »Ging hinunter zum Dampfschiff, das an der Junkerstraße liegt. Begrüßte den Kapitän. Schlechtes Wetter, Wind und Wolken. Wollte Carl Loewe, den Musikdirektor, besuchen, aber er war in Wien. Spazierte zum Alten Fritz. – Danke, o Gott, für die glücklichen Tage in Deutschland«[62]

Es waren wirklich glückliche und wichtige Tage in Deutschland, randvoll gepackt mit unvergeßlichen Erlebnissen und interessanten Begegnungen und vielleicht der Gewißheit, bei seinem nächsten Berlin-Besuch von Preußens König empfangen zu werden.

WIEDER IN DÄNEMARK

Die Überfahrt nach Kopenhagen, wo er am 3. August ankam, kann für Andersen nicht gerade angenehm gewesen sein. In seiner Autobiographie berichtet er von »stürmischem Wetter«, das nach seinen Aufzeichnungen scheinbar bis Kopenhagen anhielt. Kaum aber war er zu Hause angekommen und freute sich über das Wiedersehen mit »allen seinen Lieben«, war er auch schon wieder auf Reisen. Diesmal war es der mit ihm befreundete Graf Moltke-Hvidtfeldt, den er auf seinem Herrenhof Glorup auf Fünen besuchte. Dort wollte er noch ein paar schöne Sommertage genießen. Am 12. August war er bei dem Grafen angekommen, reiste aber am 27. August wieder ab. Er wollte wohl längere Zeit dort bleiben. Aber es kam anders. Auf Schloß Glorup war nämlich ein Brief von dem Minister Rantzau-Breitenburg angekommen, der zusammen mit König Christian VIII. und dessen Gemahlin Königin Caroline Amalie Sommerurlaub auf der Insel Föhr machte. Der Brief war an H. C. Andersen adressiert und enthielt eine persönliche Einladung des Königs, ihn auf Föhr zu besuchen.

Am 30. August kam Andersen auf Föhr an und blieb dort bis zum 9. September. Er kam mehrmals mit den dänischen Majestäten zusammen. Und als sich der König eines Tages nach Andersens finanzieller Lage erkundigte und meinte, daß der bisherige Dichterlohn wohl zu gering sei und er eigentlich mehr haben müsse, war ihm dieses indirekte Angebot peinlich. Und er schüttelte den Kopf und antwortete, er habe im Augenblick nichts, um das er die Majestät bitten könnte. Natürlich las Andersen bei diesem Königsbesuch auch einige seiner Märchen, die das Königspaar sehr entzückten.

Seit diesem Besuch des dänischen Dichters bei seinem König, geistert durch die dänische Andersen-Forschung eine biographische Vermutung. Zuletzt ausgelöst durch das Buch des dänischen Historikers Jens Jørgensen: *H. C. Andersen – En sand Myte (H. C. Andersen – Eine wahre Mythe)*, das 1987 erschien.

In dem Werk, auf das hier nicht näher eingegangen werden soll, weist Jørgensen u. a. darauf hin, daß König Christian zu diesem Sommerurlaub nur zwei private Einladungen ausgesprochen hatte. Und zwar an Hans Christian Andersen und an die Jungfrau Fanny. Beide – so Jørgensen – sollen uneheliche Kinder des früheren Kronprinzen und späteren Königs Christian VIII. gewesen sein. Der damals 18 oder 19 Jahre alte Kronprinz Christian soll Andersen mit der etwa 16jährigen Komtesse Elise Ahlefeldt-Laurvig gezeugt haben. Und um diese für den dänischen Königshof peinliche Affäre zu verschleiern, habe man den neugeborenen Jungen dem 25jährigen Schuhmacher Hans Andersen und dessen 40 Jahre alten Ehefrau Anne Marie zur Adoption übergeben. Zu beweisen ist diese Theorie heute allerdings nicht mehr.

Doch zurück zu dem Dichter Andersen. Als er am 9. September die Insel Föhr verließ, mußte er eine kleine Fähre besteigen, die gegen starke Wellen anzukämpfen hatte. Nach verschiedenen Zwischenstationen, verbunden mit Besuchen in Flensburg und Augustenborg, wo er Gast bei Christian August, Herzog von Augustenborg, war, fuhr er nach Brunsnæs, von dort mit dem Dampfschiff »Caroline Amalie« über Svendborg nach Kalvehave und schließlich mit dem Wagen nach Kopenhagen, wo er seine Reise am 30. September 1844 beendete.

Im Dezember, kurz vor Weihnachten, hatte er dann die Freude, die zweite Sammlung seiner *Neuen Märchen* in der Hand zu halten, mit den Märchen *Der Tannenbaum* und *Die Schneekönigin*.

Das Jahr 1844 hatte Andersen viel Gutes beschert. Aber es war auch das Jahr, in dem Dänemarks berühmtester Bildhauer gestorben war, Bertel Thorvaldsen. Er war während einer Vorstellung im Königlichen Theater zu Kopenhagen sanft auf seinem Sitz entschlafen. Das war am 24. März geschehen. Und Andersen hatte dem hochverehrten Freund daraufhin ein ergreifendes Trauergedicht als letzten Gruß geschrieben.

ANDERSENS LETZTER GROSSER BESUCH IN BERLIN

Im folgenden Jahre, 1845, kamen im April wieder neue Märchen von Andersen heraus. Es war die dritte Sammlung *Neuer Märchen* mit dem *Erlenhügel, Die roten Schuhe, Der Springjunge, Die Hirtin* und der *Schornsteinfeger* und *Holger Danske*. Mehrere Reisen begannen am 31. Oktober in Dänemark und wurden ab 23. November nach Deutschland fortgesetzt.

Und als er im Dezember den Großherzog August von Oldenburg besucht hatte, verehrte ihm der Fürst einen kostbaren Ring, der damals einen Wert von 200 preußischen Talern hatte. Vermutlich hätte Andersen lieber einen Orden gehabt. Und es gab ja auch den Oldenburgischen Haus- und Verdienstorden. Aber der Großherzog kannte Andersens Sehnsucht nach einer Ordensdekoration wohl nicht und meinte, ihm mit einem kostbaren Ring besser gedient zu haben.

Doch Andersen lechzte in letzter Zeit förmlich nach einem Orden. Nachdem er am 19. Dezember in Berlin angekommen war, schrieb er am 26. Dezember einen Brief an Hans Christian Ørsted, in dem es u. a. heißt: »...stellen Sie sich nur einmal vor, als ich nach Oldenburg reiste, schenkte er (der Großherzog, d. Verf.) mir einen kostbaren Ring, im Wert von über 200 preußischen Talern. Ich war wirklich ganz überrascht. Wäre ich einer von denen gewesen, den man zu Hause für eine Dekoration für würdig hielt, hätte ich wohl eine Dekoration (einen Orden, d. Verf.) erhalten...« Ihn hatte es bereits bitter enttäuscht, daß er, trotz des Einsatzes seines Freundes Ørsted, noch nicht das Ritterkreuz des dänischen Dannebrogordens bekommen hatte, wo doch fast alle, in den Kreisen in denen er verkehrte, zumindest mit einem Ordensband geschmückt waren. Er hatte trotz seiner Berühmtheit noch keinen Orden. Warum nicht? Hatte man ihn vergessen?

Nach dem Schreiben an Ørsted bekam sein Freund Edvard Collin am nächsten Tag ebenfalls einen Brief aus Berlin, in dem es u. a. heißt: »... Ich wurde zufällig von einem vornehmen Herren gefragt, ob ich nicht ein dänisches Ritterkreuz hätte. Ich antwortete: nein, und falls man ein solches aus der Heimat mitbringen müsse, um auch draußen geschmückt zu werden, dann käme ich heim, glatt wie ein Aal...«

In seinem Almanach notierte er unter dem Datum des 31. Oktobers 1845: »Audienz bei der Königin, beim König, bekam ich nicht.« Und am selben Tag schrieb er an Ørsted: »Was Sie erwarteten, das ich bekommen würde und das mich außerordentlich erfreut hätte, bekam ich nicht. Das wurde wohl vergessen. Und – ich sollte das eigentlich nicht sagen – mich betrübte das sehr. Denn das wäre doch draußen ein sichtbares Zeichen der Gnade meines Königs gewesen. Ich hätte es mir für diese Reise gewünscht.«

Nach seiner Ankunft in Berlin am 19. Dezember war Andersen im British Hotel, Unter den Linden Nr. 56, abgestiegen. Und er hatte dort, wie er es in seinem Tagebuch vermerkte, »ein schönes Zimmer« bekommen. Kaum hatte er sich ein wenig häuslich eingerichtet, als er auch schon einen Lohndiener bestellte. Der sollte zu Jenny Lind eilen und ihr bestellen, daß er gerade in Berlin angekommen sei, und er gern ein Billett für die abendliche Vorstellung in der Oper bekommen würde.

Die berühmte schwedische Sängerin Jenny Lind (1820–1887), die gerade in Berlin gastierte, hatte Andersen schon während eines ihrer Gastspiele in Kopenhagen kennengelernt und sich unsterblich in sie verliebt. Ja, er hatte ihr sogar einen Heiratsantrag gemacht. Was aber nicht auf Gegenliebe stieß. Trotzdem aber war er immer noch mit ihr befreundet und suchte jede Gelegenheit, um mit ihr zusammenzusein. Gespannt wartete er nun im Hotel auf ihre Antwort und ein Billett. Der Lohndiener kam bald zurück und teilte ihm mit, daß die Sängerin ihm sagen ließ, er würde ein Billett bekommen, falls noch eines verfügbar wäre. Aber kein Bote erschien. So saß Andersen nun einsam an der Table d'hôte und war sehr traurig. Schließlich nahm er sich zusammen und ging um sechs Uhr bei strömendem Regen zur nahen Oper, wo er auch noch ein Billett für das Paterre bekam. Aber das Publikum, das er dort an jenem Abend antraf, gefiel ihm überhaupt nicht. Es war, wie er in seinem Tagebuch schreibt: »eine schäbige Gesellschaft«. Und er fährt fort: »Soldaten, ein betrunkener Franzose. Ich stand an der Tür, hörte Jenny, wollte eigentlich böse auf sie sein, aber sie machte mich weich. Sie singt deutsch, wie ich auch meine Märchen hier lese, das Heimatliche schimmert jedoch hindurch. Wie man aber von mir sagt: das macht alles besonders interessant! Das Theater ist glänzend, prächtig! Aber ich habe es gar nicht gesehen. Ich war nur wegen Jenny dort! Wie in einem Traum habe ich sie gehört. Ich fühle, daß ich sie nicht so liebe, wie man sollte. – Ich bin nicht recht froh. Und doch ist es hier in diesem Zimmer gemütlich. Ich fühle mich heute in Berlin so einsam!«

Was macht ein Dichter und Schriftsteller, wenn er sich so einsam fühlt und vielleicht an beginnende Depressionen denkt? Er greift zur Feder. Da er aber wohl kaum Lust hat, ein neues Werk zu konzipieren, schreibt er einen langen Brief an seinen Freund Edvard Collin, der hier auszugsweise wiedergegeben wird:

Berlin, am 19. Dezember 1845

Lieber Freund!
Gestern kam ich hierher nach Berlin, heute abend schreibe ich Ihnen schon, meinem treuen, lieben, lieben Freund!

Gerade durch den Abstand, in dem Maße, wie dieser zunimmt, fühlt man so recht, wie fest man mit seinen Lieben in der Heimat verwachsen ist! – Könnte ich auch nur einen kleinen Augenblick bei Ihnen und Ihrer Jette sitzen ... Oh, wie gütig kommen mir die Leute überall entgegen! Siebzehn Tage war ich in Oldenburg. Ich habe in meinem Brief an Ihren Vater und an Louise darüber berichtet, wie alle die ersten Familien, ja selbst der Hof darin wetteifern, mir Freundlichkeiten zu erweisen. Es ist seltsam genug, in Deutschland hat man mir als Dichter zuerst Anerkennung entgegengebracht, diese Anerkennung hat nun auf die Heimat und mehrere Länder übergegriffen, gerade in Deutschland, wo ich doch, das sagen ja alle Dänen, die Landessprache nicht kann, fängt man an, mein Vorlesen von Märchen als etwas Bemerkenswertes zu bezeichnen! Man hat sich darum bemüht, ein einziges Märchen von mir gelesen zu hören, als wäre ich Jenny Lind, die eine Romanze singen soll.

Selbst bei Hofe wurde ich eines Abends gebeten vorzulesen. Und ich tat es und wurde reizend behandelt. Ja – bedenken Sie, darüber wissen die anderen daheim noch nichts! – Ich war am letzten Tag in Oldenburg zum Mittagessen beim Staatsminister Beaulieu de Marconnay, mit dessen Söhnen ich zwei Jahre hindurch im Briefwechsel gestanden hatte, und die mich sehr gern haben. Es war der ältere Kammerherr, bei dem ich zuletzt in Weimar wohnte. Wie gesagt, ich speiste beim Minister, und als der Champagner kam, stand der alte Beaulieu auf und sagte: Ich möchte diesen Augenblick benutzen, um unserem Freund Andersen ein Andenken vom Großherzog zu überreichen. Diesem hatte ich vormittags Lebewohl gesagt. Er hatte vorher nicht gewußt, daß ich am nächsten Tag fortwollte ...«[65]

Und nun erzählte Andersen seinem Freund in Kopenhagen die Geschichte von dem kostbaren Ring, den ihm der Großherzog in Oldenburg verehrt hatte. Und gegen Ende des Briefes berichtet er noch, daß er bereits an diesem Abend in der Frankfurter

Zeitung gelesen habe, wie gut er in Oldenburg aufgenommen wurde.

Am nächsten Tag machte sich Andersen auf den Weg zur Hasenhegergasse Nr. 1. Dort hatte sich der Töpfer Tobias Christoph Feilner, der 1793 aus der Oberpfalz nach Berlin gekommen war, wo er als Fabrikant von farbigen Backsteinen, Terrakotten und Öfen ein Vermögen erworben hatte, 1829 ein zweistöckiges Haus nach den Plänen von Schinkel bauen lassen. Dieses Haus, das eine Breite von neun Fenstern hatte, muß sehr schön ausgesehen haben. Denn unter jedem Fenster war ein Terrakottenfries eingemauert. Was Wunder, daß sich dort bald bedeutende Berliner Kulturpersönlichkeiten trafen und zu Gast bei Feilner waren. So u. a. die Bildhauer Rauch, Schadow und Wichmann und natürlich auch Schinkel. Und da Feilner und später auch Wichmann die Musik sehr liebten, waren dort auch Meyerbeer, Liszt und Mendelssohn Gäste. Und als Jenny Lind 1844/45 an der Berliner Oper engagiert war, wohnte sie sogar in dem Feilnerschen Haus. Und dorthin hatte sich Andersen nun auf den Weg gemacht.

Aber die Enttäuschung war groß. Er konnte seine Angebetete dort nicht begrüßen. Sie war zur Probe in die Oper gefahren. Und so mußte er sich mit einem »Guten Tag« für Fräulein Louise Johansson begnügen, Jenny Linds Gesellschaftsdame und Freundin. Da er Jenny Lind in Feilners Haus nicht antraf, suchte er nun seinen Freund Hermann Kletke in der Alten Jakobstraße Nr. 8 auf, der gerade im Begriff war, nach Breslau zu reisen. Die Wiedersehensfreude war natürlich bei beiden sehr groß. Kletke mochte Andersen gern, ja, er verehrte ihn. Und Andersen klang wohl immer noch das schöne Lied in den Ohren, das ihm Kletke zum Abschied von Berlin am 1. August 1844 geschrieben hatte. Etwas Zeit zum Erzählen hatte Kletke noch. Und so berichtete er seinem Freund, daß Hitzig, Chamissos Freund und Biograph, einen Schlaganfall erlitten hatte. Aber Andersen wollte Kletke nicht länger aufhalten, wünschte ihm eine gute Reise und verabschiedete sich herzlich von ihm.

Der nächste Besuch galt dem dänischen Chargé d'affaires Baron Løvenørn in der Leipziger Straße Nr. 109. Der hatte mehr Zeit für seinen Landsmann. Und so plauderten sie gemütlich eine Zeitlang, und dabei erzählte Løvenørn seinem Gast eine kleine Kriminalgeschichte, die sich kürzlich in der preußischen Hauptstadt zugetragen hatte. Die war für Andersen so interessant, daß er diese kleine Gaunergeschichte in seinem Tagebuch aufzeichnete und später folgte noch eine andere Berliner Geschichte, die Andersen persönlich während dieses Berlin-Besuches erlebte. Beide werden hier wiedergegeben.

ANDERSENS KLEINE BERLINER GESCHICHTEN

Ein Offizier ging zu einem Juwelier und verlangte zwei kostbare Schmuckstücke für seine Braut. Etwas später kam ein anderer Offizier von einem anderen Regiment. Beide kannten sich. Der erste Offizier sagte, daß die Braut zwischen den beiden Schmuckstücken wählen solle. Er schrieb einen Wechsel auf 200 Reichstaler aus und gab ihn dem Juwelier als Vorauszahlung. Gleichzeitig bat er den Freund, dort zu bleiben, als Sicherheit für die Schmuckstücke.

Darauf ging er. Ein wenig später kam ein Polizeikommissar. »Sie kennen mich sicher nicht«, sagte er, »aber ich bin Kommissar, von der Polizei geschickt, um Ihnen mitzuteilen, daß falsche Wechsel im Umlauf sind.«

Er wollte den Juwelier also warnen, weil er zu dem Personenkreis gehörte, der solchen Betrügereien ausgesetzt ist. Und so fragte er dann, ob er solche Wechsel habe.

»Keinen außer diesem, den ich gerade bekommen habe«, war die Antwort des Juweliers.

»Aber der ist falsch«, sagte der Polizeikommissar, als er den Wechsel gesehen hatte.

»Falsch?«, rief der Offizier, und ein Streit begann. »Sie sind so freundlich und kommen mit zur Polizei«, sagte der Beamte, »aber um nicht weiter Aufsehen zu erregen, werden wir eine Droschke nehmen.«

Sie nahmen eine Droschke und fuhren los. Aber in ihre Wohnung. Und der Juwelier war betrogen.

Diese kleine Kriminalgeschichte ist bezeichnend für das Interesse des dänischen Dichters für Vorgänge im Volksleben einer großen Stadt. Und wo konnte er in Deutschland, so etwas wohl besser erfahren als in Berlin. Dafür zeugt auch eine andere Geschichte, die er sehr ausführlich in seiner Autobiographie wiedergegeben hat, und die ebenfalls hier folgt. Und diese Geschichte spiegelt ein persönliches Erlebnis des Dichters wider: »Eines Morgens schaute ich aus einem Fenster meines Hotels Unter den Linden und sah einen Mann halb versteckt unter dem Baum nahe beim Haus stehen. Etwas ärmlich gekleidet. Er holte einen Kamm aus der Tasche, kämmte sich das Haar, glättete sein Halstuch und bürstete mit der Hand seinen Anzug ab. Ich kenne die unselige Armut, die sich durch ärmliche Kleidung bedrückt fühlt. Mein Interesse für ihn war bereits geweckt.

Einen Augenblick später klopfte es an meiner Tür. Und derselbe Mann trat bei mir ein. Es war der Naturdichter W. (Gottfried Worch, d. Verf.), der nur ein armer Schneider ist, aber ein echtes poetisches Gemüt. Rellstab (deutscher Dichter u. Musik-kritiker, d. Verf.), Kletke und verschiedene andere Schriftsteller in Berlin haben über ihn ehrenhaft in den Zeitungen geschrieben und erklärt, daß in seinen Gedichten etwas Gesundes und religiös Innerliches sei. Er hatte gelesen, daß ich in Berlin wäre und kam daher, um mich zu besuchen.

Wir saßen zusammen auf dem Sofa. Und aus ihm sprach eine so liebenswerte Genügsamkeit, ein so unverdorbenes Gemüt, daß es mir weh tat, daß ich nicht reich war, um ordentlich etwas für ihn tun zu können. Daß er bei all seiner Genügsamkeit bedürftig war, sah ich. Geld sollte er bekommen. Aber das wenige, das ich ihm geben konnte, beschämte mich. Das mußte deshalb zumindest in einer annehmbaren Form geschehen. Ich fragte ihn, ob ich ihn wenigstens einladen dürfte, Jenny Lind zu hören.

›Ich habe sie gehört!‹, sagte er mit einem Lächeln. Ja, ich hatte allerdings kein Geld, um mir eine Eintrittskarte zu kaufen. Aber da ging ich zum Leiter der Statisten und fragte ihn, ob ich nicht für einen Abend Statist in der Oper ›Norma‹ sein könnte. Und man nahm mich an. Ich wurde als römischer Krieger angekleidet, bekam ein großes Schwert an die Seite und kam ins Theater und hörte sie besser als alle anderen. Ich stand dicht neben ihr. Ach, wie sie sang! Wie sie spielte! Ich konnte es nicht lassen, ich mußte weinen. Aber das durfte man nicht. Der Leiter verbot es. Er wurde böse und wollte mich nicht mehr dabei haben. Denn auf der Bühne darf man nicht weinen.«[64]

Wieder erkennt man an dieser Geschichte die soziale Komponente im Wesen des Dichters. Er, der mit Königen, Herzögen und Grafen verkehrte, hatte seine Herkunft aus den niedrigsten Schichten des dänischen Volkes nicht vergessen und empfand stets gegenüber ärmlichen Menschen etwas, das ihn zum Helfen antrieb. Sein Problem war nur, daß er in den beginnenden Jahren seines Aufstiegs dafür nicht über die nötigen Mittel verfügte.

HANS CHRISTIAN ANDERSEN UND CHRISTIAN DANIEL RAUCH

Am nächsten Tag, dem 21. Dezember, war Andersen nicht schlecht überrascht, als es an seiner Tür klopfte, und ein junger Mann ins Zimmer trat. Es war der Baron Holger Stampe, der damals in Jena studierte und extra nach Berlin gekommen war, um Andersen und Jenny Lind zu begrüßen. Andersen war natürlich über den Besuch sehr erfreut. Aber viel Zeit wird er an diesem Vormittag wohl nicht für den jungen Baron gehabt haben; denn er wollte ja noch einige wichtige Besuche machen. Immerhin ist es wieder einmal interessant, wie häufig Andersen in Berlin Landsleute traf.

Nachdem er sich von seinem Besuch verabschiedet hatte, suchte er den berühmten Berliner Bildhauer Christian Daniel Rauch (1777–1857) auf.

Rauch, der am 2. Januar 1777 als Sohn eines Kammerdieners am Hof des Fürsten von Waldeck geboren wurde, hatte seine Laufbahn als Bildhauer beim Hofbildhauer Friedrich Valentin in Helsen begonnen. Dann bekam er eine Stellung als Geselle bei Christian Ruhl, dem fürstlichen Hofbildhauer in Kassel und besuchte dort die landgräfliche Akademie. Es folgten Jahre als Kammerdiener bei dem Preußenkönig Friedrich Wilhelm II. und der Königin Luise, wonach er 1803 Gehilfe bei Johann Gottfried Schadow wird, der sein großes Talent entdeckt und dafür sorgt, daß er Italien besuchen kann. Dort wird er in Rom in den Kreis des preußischen Gesandten Wilhelm von Humboldt aufgenommen und tritt in enge Beziehungen zu dem italienischen Bildhauer Canova und zu Thorvaldsen.

Nachdem 1810 Königin Luise starb, erhält er seinen ersten großen Auftrag. Er soll den Entwurf für ein Grabmal der Verstorbenen entwerfen. Und es gelingt ihm schließlich, einen hervorragenden Marmorsarkophag für das Mausoleum in Charlottenburg zu schaffen, der dann im Mai 1815 aufgestellt wird.

Nachdem er 1816 zum dritten Mal nach Italien gereist war, kehrte er 1818 endgültig nach Berlin zurück und fand dort Werkstatt und Wohnung in der Klosterstraße 75/76, in den Räumen des alten, gotischen »Hohen Hauses«, das allerdings später architektonisch verändert wurde.

Es war Andersens erster Besuch bei dem berühmten Bildhauer in Berlin. Gesehen hatte er ihn schon bei seinem vorigen Berlin-Besuch (1844). Da war er als Autor des Romans *Der Improvisator* in die *Italienische Gesellschaft* eingeladen, zu der nur Personen Zugang hatten, die in Italien gewesen waren. Und dort sah er Rauch also »zum erstenmal, der ihn durch seine kräftige, männliche Gestalt und sein silberweißes Haar ein wenig an Thorvaldsen erinnerte.«

Damals wurde er dem Bildhauer nicht vorgestellt. Und er wagte es nicht, sich selbst mit ihm bekanntzumachen. Zu sehr saß ihm wohl noch sein Erlebnis mit Jacob Grimm in den Knochen. Aber auch in Rauchs Atelier, das er wie andere Berlin-Besucher besichtigt hatte, war es ihm nicht möglich gewesen, sich mit Rauch bekannt zu machen.

Christian Daniel Rauch. Büste von Reinhold Begas
im Garten der Villa des Präsidenten der Stiftung Preußischer
Kulturbesitz in Berlin. Foto: Hendrik Bäßler

Da kam ihm ein Zufall zur Hilfe. Rauch hatte sich im August 1845 entschlossen, zusammen mit dem Architekten Heinrich Strack und dem Generaldirektor von Olfers über Kiel nach Kopenhagen zu fahren. Sie wollten sich das im Bau befindliche Thorvaldsen-Museum ansehen. Das sollte später Werke des 1844 verstorbenen großen Meisters aufnehmen, die sich damals noch im Schloß Christiansborg befanden. Als sie den neu entstehenden Museumsbau, der 1846 eingeweiht werden sollte, genügend begutachtet hatten, führte sie der dänische Maler und Akademieprofessor Johan Ludvig Lund (1777–1867), ein Freund Rauchs, der zu der kleinen Gruppe gestoßen war, in die Frauenkirche. Dort konnten sie Thorvaldsens weitberühmten *Segnenden Christus* und seine *Zwölf Apostel*, alles überlebensgroße Marmorstatuen, bewundern. Nachdem man noch andere Sehenswürdigkeiten besichtigt hatte, kam man mit dem Bildhauer Herman Wilhelm Bissen, dem Maler Christoffer Wilhelm Eckersberg und anderen dänischen Künstlern zusammen. Die kleine Gruppe reiste auch nach Roskilde, um sich dort den Dom mit den Königssarkophagen anzusehen, und nach Helsingør, wo das Schloß Kronborg steht, das in der Shakespeare-Literatur als Hamlet-Schloß eine Rolle spielt.

Eines Tages waren sie auch Ehrengäste am Königlichen Hof in Schloß Sorgenfri (dt. Sorgenfrei) in Lyngby, nördlich von Kopenhagen. Dorthin kamen sie mit dem preußischen Gesandten Schulz, und dort lernte Christian Daniel Rauch auch Hans Christian Andersen kennen. Sie müssen sich beide rasch gut verstanden haben; denn am nächsten Tag schenkte Andersen dem Berliner Bildhauer seine Thorvaldsen-Biographie.

Am 11. August verließ Rauch mit seinen Freunden Kopenhagen, blieb noch kurze Zeit in Hamburg und reiste dann wieder nach Berlin zurück.

Als Andersen nun die Wohnung des berühmten Bildhauers betrat, wurde er von ihm aufs herzlichste begrüßt. Es war ja gerade ein gutes Vierteljahr her, daß sich beide in Dänemark kennenlernten. Rauch hatte inzwischen auch einige Märchen von Andersen gelesen. Und so umarmte Rauch seinen Gast, küßte ihn auf die Wangen und sagte, daß seine Märchen unsterblich seien. Dieses überschwengliche Lob des Berliner Bildhauers beglückte Andersen über alle Maßen und rührte ihn zugleich aufs tiefste. Und so schreibt er in seiner Autobiographie: »Eine solche spontane Wertung oder Überbewertung eines Genies löschte viele dunkle Schatten im Gemüt. Von Rauch bekam ich mein erstes Willkommen in Berlin (HCA meint bei diesem Besuch im Dezember 1845, d. Verf.). Er sagte mir, welchen großen Kreis ich von Freunden in Preußens Hauptstadt hätte. Und ich mußte bald die Wahrheit erkennen. Es waren die Edelsten vom Gemüt her, wie die Ersten von Rang in Kunst und Wissenschaft, die auf mich zukamen: Alexander von Humboldt, Fürst Radziwill, Savigny und so viele Unvergeßliche.«[65]

Nach seinem Besuch bei Christian Daniel Rauch suchte Andersen den Generaldirektor der Berliner Museen auf, Ignaz von Olfers, den er ja auch vor einigen Monaten zusammen mit

Rauch in Dänemark kennengelernt hatte. Von Olfers, preußischer Diplomat und langjähriger Generaldirektor der Berliner Museen, hatte sich bestimmt über den Besuch des dänischen Dichters gefreut und lud ihn auch gleich zu einer Abendgesellschaft in seinem Haus am Freitag, dem 26. Dezember ein. Nachdem sich Andersen verabschiedet hatte, versuchte er, endlich Jenny Lind zu treffen. Das erschien anfangs unmöglich. Da war nämlich eine Portiersfrau im Hause, die von der Sängerin den Auftrag hatte, alle Besucher abzuwimmeln. Andersen wollte einfach an ihr vorbeitreten. Kam aber nicht weit. – »Wo wollen Sie hin?« fragte sie ihn mit energischer Stimme. »Zur schwedischen Sängerin« antwortete er ebenso energisch. »Sie empfängt niemanden« erwiderte sie kurz. – »Doch, mich! Geben Sie ihr meine Karte!« gab Andersen zur Antwort und kramte in seinen Taschen herum. Er fand jedoch keine. Die lagen wohl im Hotel. – »Sagen Sie ihr meinen Namen«, sagte er nun und hoffte, daß dieser letzte Versuch glücken wird. – In diesem Augenblick trat Jenny Lind ihm auch schon entgegen.

»Sie sah blühender aus als zuletzt«, schreibt er in seinem Tagebuch. Und fährt fort: »Wir saßen auf dem Sofa und sprachen von Collins.«[66] – Lange scheint dieser schließlich geglückte Versuch, Jenny Lind wiederzusehen, nicht gedauert zu haben. Bald nach diesen Notizen liest man in seinem Tagebuch, daß er noch andere Freunde und Bekannte aufsuchte und abends in die Oper ging.

ANDERSEN UND DIE BERLINER THEATER

In der Oper sah er *Catarina Cornaro*, bei der ihm der zweite Akt »recht spannend« erschien, und er eine »prächtige Dekoration« feststellte. Die Oper stammte von dem damals sehr bekannten Komponisten Franz Lachner (1803–1890). Sie wurde 1841 uraufgeführt und hielt sich längere Zeit auf den Spielplänen.

Catarina Cornaro (1454–1510), die Titelfigur der Oper, stammte aus einer der angesehensten Patrizierfamilien Venedigs und war Urenkelin des Dogen Marco Cornaro. 1468 wurde sie durch Prokuration (Stellvertretung durch einen Bevollmächtigten, d. Verf.) mit König Jakob II. von Zypern verlobt und zur Tochter der Republik San Marco erklärt. Ihre Vermählung mit König Jakob fand allerdings erst 1472 statt. Acht Monate später starb König Jakob bereits. Der nach seinem Tod geborene Sohn Jakob III. starb 1474.

Damit das Königreich Zypern nicht in fremde Hände kam, übernahm Venedig die dortige Regierung und nötigte Catarina, die Insel zu verlassen. Sie wurde darauf feierlich in Venedig empfangen und erhielt die Herrschaft Asolo bei Bassano am Fuß der Alpen. Dort führte sie ein kulturell-geselliges Leben mit Dichtern und Gelehrten, das ihr Vetter Pietro Bembo (1470–1547) in seinem Werk »Gli Asolani« verherrlicht hat. Catarina wurde nach ihrem Tod in einem prachtvollen Mausoleum in der Kirche San Salvatore zu Venedig beigesetzt. Sie wurde zur Heldin mehrerer Opern, so von Halévy und Donizetti und eben von dem oben erwähnten Lachner.

Es ist bemerkenswert, daß Andersen während seiner Berliner Aufenthalte abends immer die Oper oder ein Theater besuchte. Die Liebe zur Bühne, bereits in seiner Kindheit und Jugend geprägt, blieb zeitlebens in ihm tief verwurzelt. Er schrieb ja nicht nur Stücke, die auch aufgeführt wurden, sondern versuchte stets so oft wie nur möglich, Theater- und Opernvorstellungen zu besuchen. Und dafür war Berlin gerade die richtige Stadt. Theater und Berlin, das gehörte für ihn eng zusammen. Wenn er hier war, konnte er kaum einen Abend ohne einen Theater- oder Opernbesuch auskommen. Das ging sogar soweit, daß er wegen eines solchen Besuchs wichtige Einladungen ausfallen ließ.

Bei Lachners Oper kam noch hinzu, daß sie mit dem von ihm so geliebten Italien in Zusammenhang stand. Aber es war nicht nur das Spiel auf der Bühne, das ihn begeisterte oder zu kritischen Beurteilungen veranlaßte. Es war auch das Publikum, das ihn interessierte und oft erfreute, die ganze Theateratmosphäre. So wie es bei diesem Opernbesuch der Fall war. In seinem Tagebuch stehen nach der kurzen Schilderung seiner Eindrücke die Sätze: »Eine junge Dame nickte mir zu und lachte aus der ersten Etage. Das war Gisela von Arnim. Sie hatte mich erkannt.«

ANDERSEN BESUCHT ALEXANDER VON HUMBOLDT UND THEODOR HOSEMANN

Der Kalender zeigte den 22. Dezember 1845, als Andersen wieder einmal in seinem Hotel Besuch bekam. Es waren der dänische Polytechniker und spätere Professor B. S. Jørgensen und der Chargé d'affaires Baron Løvenørn.

Vermutlich hatten sich die beiden Gäste ziemlich lange mit ihrem Landsmann unterhalten. Nachdem sie sich von Andersen verabschiedet hatten, fuhr er zu Alexander von Humboldt. An-

Alexander von Humboldt in seiner Bibliothek. Lithographie
nach dem Aquarell von Eduard Hildebrandt. 1856.
(Stiftung Preußischer Kulturbesitz)

dersen pflegte seine Besuche in Berlin oft zu Fuß abzustatten. Es
sei denn, der Betreffende wohnte allzu weit entfernt von seinem
Hotel. Alexander von Humboldts Wohnung aber lag in der
Oranienburger Straße Nr. 67. Dort war er 1842 in das Haus des
Bankiers Mendelssohn gezogen. Und das war von Andersens
Hotel eigentlich gut zu Fuß zu erreichen. Vermutlich hatten die
beiden Gäste doch zu lange mit ihm geplaudert. Oder das Wetter war zu schlecht. Jedenfalls nahm er sich einen Wagen. Vielleicht aber erschien es ihm auch angemessener, bei einem so nahen Vertrauten des preußischen Königs vorzufahren.

   Andersen wurde mit großer Freundlichkeit von Alexander
von Humboldt empfangen, der ihm gleich erzählte, daß der
König ihn sehen wolle. – »Sie brauchen kein Empfehlungs-
schreiben«, sagte Humboldt zu ihm, »Sie sind durch Ihre Bücher
genügend empfohlen.« – Sie unterhielten sich dann noch eine
Zeitlang über Jenny Lind, Oehlenschläger und auch über H. C.
Ørsted, der Humboldt sein Buch *Über das Schöne (Om det
Skjønne)* geschickt hatte.

   Dann verabschiedete sich Andersen von Humboldt, der, wie
Andersen schreibt, eine Wohnung hatte, die mit Büchern, aus-
gestopften Vögeln, aller Größen und Farben, Versteinerungen
und vielen anderen Dingen vollgestopft war.

111

Illustration zu Andersens Märchen *Die kleine Seejungfrau*
von Theodor Hosemann

Tief beglückt über den von Humboldt mitgeteilten Wunsch
des Königs, ihn bald sehen zu wollen, machte sich Andersen
nun auf den Weg zu dem Maler Theodor Hosemann, der in der
Luisenstraße Nr. 67 im dritten Stock Wohnung und Atelier hatte. Akademieprofessor Theodor Hosemann (1807–1875) war ein
Meister in seinen biedermeierlichen Darstellungen aus dem Leben der Berliner Kleinbürger. Der gebürtige Brandenburger war
1828 nach Berlin gekommen, wo er fast ein halbes Jahrhundert
lebte und wirkte. Er fand dort einen bedeutenden Freundeskreis, zu dem u. a. Adolf Glaßbrenner, der Possendichter David

Kalisch und Adolph Menzel gehörten. Hosemann hatte auch Märchen von Andersen illustriert, die in mehreren, von Julius Reuscher übertragenen Märchenausgaben erschienen, die der Berliner Verlag M. Simion herausgab. Als Andersen aber am 22. Dezember bei ihm erschien, hatte er in seinem Tagebuch nur einen einzigen, nicht gerade positiv klingenden Satz für ihn übrig: »Ging zu Th. Hosemann, einem kleinen, dicken und fetten Kerl, bei dem es genial unordentlich war.«[67]

Merkwürdigerweise geht Andersen weder in seinem Tagebuch, noch in seiner Autobiographie *Mit Livs Eventyr (Das Märchen meines Lebens)* auf Hosemanns Illustrationen ein, ja, in der Autobiographie steht kein einziges Wort über ihn. Das ist auch deshalb so ungewöhnlich, weil er ja auch ein bildender Künstler war, was durch seine Italienbilder bestens zu belegen ist.

Die Kunsthistorikerin Ilse Bang hat in ihrem Werk »Die Entwicklung der deutschen Märchenillustration« (München, 1944) auf Hosemanns Andersen-Arbeiten hingewiesen und festgestellt: »Graphisch stellen diese Zeichnungen zu Andersens Märchen einen Höhepunkt in Hosemanns Schaffen dar.« Und: »Hosemann war besonders befähigt, den romantischen Wirklichkeitsmärchen Andersens nahezukommen.«

Kaum hatte Andersen Hosemann verlassen, begab er sich auch schon zu dem Minister Savigny. Es waren ja die vorweihnachtlichen Tage in Berlin, wo die Arbeit ruhte, und man Gäste in seinem Haus begrüßte. Und diesem Besuch widmete Andersen auch mehrere Zeilen in seinem Tagebuch. Es heißt dort: »Visite bei Minister Savigny. Sie kamen mir beide so freundlich entgegen, luden mich zum Sonnabendabend ein. Später kam die Gräfin Bismarck-Bohlen, von der ich zum Donnerstag eingeladen wurde (das war der erste Weihnachtstag, d. Verf.). Bettina sei verreist, sagten sie. Und plötzlich öffnete sich die Tür, und sie watschelte herein, schmutzig, komisch! – ›Sie sehen in diesem Jahr besser aus als im vorigen‹ sagte sie.

Und zur Tochter: ›Zieh dich zurück, du bist nicht hübscher geworden, das ist er !‹ – Ich sagte irgend etwas, Gott weiß, was. – ›Er ist naiv!‹ sagte sie, gab mir einen Finger und bat mich, nicht zu sehen, daß sie verschwand.

Aß mit Stampe im Café Royal. Gestern stand in der Frankfurter Zeitung und im Korrespondenten, daß ich in der zweiten Woche in Oldenburg war und bei Hof und im privaten Kreis mit meinen köstlichen Märchen Freude bereitet habe ... Abends bei Fräulein Frommann (Blumenmalerin, d. Verf.) ...«[68] Dort waren noch einige andere Gäste geladen, und Andersen war wieder einmal Mittelpunkt der kleinen Gesellschaft und erfreute alle mit seinen Märchen.

WER WAR MOSES SIMION?

Nach Andersens Besuch bei dem Maler und Akademieprofessor Theodor Hosemann, kam die Sprache auf seine Illustrationen für die Andersen-Märchenausgaben des Berliner Verlegers Moses Simion.

Wer war dieser Berliner Verleger? In seinen Tagebüchern schreibt Andersen unter dem Datum des 29. Dezember 1845 u. a.: »… Fuhr zu Reuscher (Andersens deutscher Übersetzer, d. Verf.), der ein elegantes Mittag gab. Dort war der Verleger Simion, der eine Gesamtausgabe meiner Schriften mit Porträt herausbringen will. Ich soll einem Maler sitzen …«

Ein paar Tage später, am 31. Dezember 1845, heißt es in einer anderen Eintragung: »Simion will mir zwei Louisdore für den Bogen meiner Biographie geben, die ich ihm liefern soll und (dasselbe) auch für den neuen Roman.«

Am 3. Januar 1846 war Andersen dann bei Simion zum Mittag eingeladen, bei dem der Verleger wohl einige Einzelheiten bezüglich der Herausgabemodalitäten mit dem Dichter besprach. Es hat den Anschein, als wolle Simion die Rechte für Andersens gesamtes künftiges Werk erwerben.

Moses Simion, ein jüdischer Verleger, ist heute nahezu vergessen. 1840 hatte er in Berlin einen neuen Verlag mit Buchhandlung eröffnet und widmete sich vorerst dem Verlegen volkstümlicher Schriften und Jugendbüchern. Zu letzteren gehörte *Die Jugendbibliothek,* herausgegeben von dem Jugendbuchautor Karl Gustav Nieritz (1795–1876). Sie erschien zwischen 1847 und 1852 mit 66 Bänden, die zu einem Stückpreis von 10 Silbergroschen in den Verkauf kamen. Auch der von Karl Steffens herausgegebene *Hausfreund in Hütten und Palästen* erschien bei Simion (1843–1847), sowie die *Freien Blätter* von Adolf Glaßbrenner. Einer von Simions größten verlegerischen Erfolgen war wohl Glaßbrenners *Komischer Volkskalender,* der in den Jahren 1849 bis 1852 in einer Auflage von 15000 Exemplaren gedruckt wurde und für nur 2½ Groschen zu haben war.

Von Simions belletristischen Publikationen seien neben Andersens Märchen und Werken von Joseph von Eichendorff hier nur die 1850 erschienene Anthologie *Freiheitsklänge – Eine Sammlung politischer Gedichte der vorzüglichsten Dichter des deutschen Volkes* genannt. Darin waren Gedichte von Glaßbrenner, Hoffmann von Fallersleben, Freiligrath, Herwegh und anderen versammelt.

Simion setzte sich nicht nur mit Worten und Werken für eine bessere Verfassung ein; als die Bewegung der vierziger Jahre eskalierte und zur Revolution wurde, vertrat er ihre Ziele auf den Barrikaden und war am 19. März einer der Organisatoren der Berliner Bürgerwehr.

Neben seiner Tätigkeit für die jüdische Reformgemeinde, vergaß er aber nicht, dem deutschen Buchhandel bessere Arbeitsmöglichkeiten zu verschaffen. Und so wurde er 1848 zum stellvertretenden Vorsitzenden der neugegründeten »Corporation der Berliner Buchhändler« gewählt. In dieser Eigenschaft setzte er sich in Leipzig für eine Revision der Börsenvereinsstatuten ein. Am 17. März 1849 formulierte er ferner eine Denkschrift für die Berliner Buchhändler gegen den Entwurf eines neuen Pressegesetzes für Preußen. Das sollte ihm teuer zu stehen kommen. Schon längere Zeit hatte die Berliner Polizei ein Auge auf ihn geworfen. Und als Simion 1852 den *Brennglas'schen Volkskalender* herausgegeben hatte, konnte sie gegen ihn das neue Gesetz anwenden.

Am 15. Januar 1852 wurde auf Anordnung des Berliner Polizeipräsidenten von Hinkeldey Simions Geschäft in der Spandauer Str. 2a geschlossen. Das traf ihn schwer. Er wollte jetzt nicht mehr in Berlin bleiben und ließ sich in Leipzig nieder. Dort eröffnete er am 15. Juni 1852 den M. Simions Verlag Leipzig, kehrte aber im darauf folgenden Jahr nach Berlin zurück.

Doch er war bereits ein kranker und gebrochener Mann. In ihren Erinnerungen schreibt Marie Springer, die Ehefrau von Simions Kompagnon: er wurde »ein Opfer der Hinkeldey-Willkürherrschaft.«

Seine Tätigkeit in Berlin konnte Simion nach seiner Rückkehr aus Leipzig kaum wieder aufnehmen. Krank und gebrochenen Herzens starb er am 12. Januar 1854, kurz vor Vollendung seines vierzigsten Lebensjahres.

Mit ihm verlor nicht nur der deutsche Buchhandel und das Verlagswesen »eines seiner geist- und talentvollsten, strebsamsten und ehrenwertesten Mitglieder«, wie es in einem Nachruf des Börsenblattes vom 18. Januar 1854 heißt. Auch das deutsche Kulturleben wurde durch die reaktionären Maßnahmen eines preußischen Polizeidirektors ärmer.

KLEINES OPERNINTERMEZZO

Weihnachten rückte immer näher. Andersen machte sich Gedanken, wie er die Festtage wohl verbringen würde. Er hoffte immer noch, daß er wenigstens an einem Festtag mit Jenny Lind zusammensein könnte. Aber die schien ihn vergessen zu

Jenny Lind. Andersen bewahrte dieses Bild der schwedischen
Sängerin in seinem Album auf. Es trägt ihre handschriftliche
Unterschrift und den Satz: »Kunst und Religion wurden der
Menschheit als Wegweiser zum nächsten Leben geschenkt.«
(Königliche Bibliothek, Kopenhagen)

haben. Sie hatte ihm ja nicht einmal das versprochene Opern-
billett geschickt, was ihn sehr betrübte.

Er mußte alle diese Gedanken verdrängen, schrieb einen Brief
an den Großherzog von Oldenburg und machte einige Besuche.
Auch Willibald Alexis (Dr. Häring) suchte er wieder auf, der
ihm seine Frau, eine Engländerin, vorstellte. Bei einem seiner
Besuche hörte er, daß der Dichter Emanuel Geibel (1815–1884)
in Berlin sei. Der in Lübeck als Sohn eines Predigers geborene
Dichter lebte nach seinem Studium der Theologie und der klas-

sischen und romanischen Philologie eine Zeitlang in Athen als Hauslehrer beim dortigen russischen Gesandten, kehrte 1840 wieder nach Deutschland zurück und veröffentlichte bald darauf die erste Sammlung seiner Gedichte in Berlin. Dieser Sammlung folgten noch viele andere Gedichte, so daß König Friedrich Wilhelm IV. auf den teilweise patriotischen Charakter dieser Dichtungen aufmerksam wurde, und ihm ab 1843 ein kleines Jahresgehalt aussetzte. Das erlaubte ihm nun, in Unabhängigkeit seiner dichterischen Arbeit nachzugehen. 1846 hatte er *Zwölf Sonetten für Schleswig-Holstein* geschrieben. Die Zahl seiner Dichtungen wuchs mit der Zeit so an, daß 1883 in Stuttgart eine Ausgabe seiner »Gesammelten Werke« erscheinen konnte, der bald neue Auflagen folgten. Noch heute findet man in neueren Antholgien Gedichte von ihm wie beispielsweise »Volkers Nachtgesang« (Die lichten Sterne funkeln . . .).

Andersen beschloß, Geibel erst am nächsten Tag aufzusuchen. Immer noch wartete er auf ein Billett von Jenny Lind für den Opernabend. Für sich hatte er allerdings schon eines von Fräulein Frommann bekommen, die es wiederum von der Prinzessin von Preußen erhalten hatte, mit der Bitte, es Andersen zu schikken. Das Billett, das er von Jenny Lind erhalten sollte, hatte er dem jungen Baron Stampe versprochen. Aber das kam wieder nicht. Da es schon spät war, machte er sich nun auf den Weg zur Oper, die ja nicht weit von seinem Hotel entfernt war. Dort angekommen, nahm er seinen Platz ein, der sich neben dem von Fräulein Frommann befand, die bereits dort saß. Vor ihm hatte die Witwe von Schinkel Platz genommen (Schinkel war bereits am 9. Oktober 1841 gestorben, d. Verf.) und neben ihr saß eine Bildhauerin aus Tirol. In der Reihe hinter Andersen bemerkte er ein Ehepaar, das sich lebhaft, aber in gedämpftem Ton, unterhielt. Plötzlich beugte sich die junge Frau zu ihm herüber und fragte ihn, ob er ein Landsmann von Jenny Lind sei. Sie hatte wohl so etwas aus dem Gespräch, das Andersen mit Fräulein Frommann führte, entnommen. Er antwortete, daß er ein Däne sei. Worauf die junge Frau fragte, ob er denn seinen berühmten Landsmann Andersen kenne. Ja, ja, ein wenig, war seine Antwort. Fräulein Frommann lachte leise vor sich hin. »Ich liebe seinen Roman *Nur ein Geiger* und das *Bilderbuch* sehr«, sagte die junge Frau. »Ja, Sie kennen sicher sein Porträt?« – »Nein«, war die Antwort. Andersen fühlte, wie sein Gesicht ganz blutrot anlief. Die junge Frau mußte das bemerkt haben; denn ganz bestürzt sagte sie: »Herrgott! Das sind Sie doch wohl nicht selbst?!« Andersen sagte ja. Und sie pries ihr großes Glück, den berühmten Dichter persönlich kennengelernt zu haben. Die junge Frau war die Tochter der Dichterin Elise von Hohen-

Das Königliche Opernhaus Unter den Linden. Stahlstich von
Frommel nach einer Zeichnung von Hintze.
(Nach S. H. Spiker: Berlin und seine Umgebung im 19. Jahrhun-
dert, Berlin 1832). Foto: Hans-Christian Barüske

hausen, die mit ihrem Mann, dem Oberregierungsrat Karl Rü-
diger aus Minden in Westfalen, nach Berlin gekommen war.
Nun begann die Oper. Jenny Lind sang so schön, daß Andersen
ihr nicht mehr böse sein konnte. »Nein, nein, sie kann mich
nicht vergessen haben!« schreibt er in sein Tagebuch. Als er wieder in sein Hotel zurückgekommen war, fand er dort einen
Brief von Humboldt und dem Volksdichter und Schneider
Worch vor.[69]

EIN TRAURIGER HEILIGABEND

Der Heilige Abend war angebrochen. Für den Vormittag dieses
24. Dezember 1845 hatte sich Andersen noch ein paar Besuche
vorgenommen. Aber er wurde wieder einmal in seinem Hotel-
zimmer aufgehalten. Er bekam Besuch. Es waren der junge Baron Stampe und der Dr. phil. Ludwig Meyn, ein holsteinischer
Geologe und Mineraloge, der sich 1844 zu einem Studienaufent-
halt in Kopenhagen aufgehalten hatte und dort auch mit Ørsted

118

zusammenkam. Nachdem sie sich eine Zeitlang bei ihm aufgehalten hatten, wünschten sie ihm ein frohes Weihnachtsfest und verabschiedeten sich herzlich von ihm.

Jetzt konnte Andersen den Hofmarschall aufsuchen und ihm den Empfang von Humboldts Brief bestätigen, sowie versichern, daß er noch über Neujahr in Berlin bleiben würde.

Der Besuch bei Geibel, verlief sehr gut. Geibel erzählte ihm bald, nachdem er bei ihm eingetreten war, daß er ein Gedicht gegen die Dänen geschrieben habe. – »Ja, zwei«, war Andersens Antwort. Worauf Geibel Andersens Hand ergriff und sagte: »Wir bleiben doch Freunde?!«

Diese beiden antidänischen Gedichte, die Geibel geschrieben hatte, gehörten sicherlich zu den *Zwölf Sonetten für Schleswig Holstein*, die 1846 herauskamen. Es war ja schon jene Zeit, in der die Schleswig-Holsteiner ihrem Nationalgefühl Ausdruck gaben, das schließlich einige Jahre später in kriegerischen Handlungen kulminierte. Andersen hatte sich wohl kaum negativ zu diesen Gedichten verhalten; denn er betonte in seinen Aufzeichnungen die Herzlichkeit seines deutschen Dichterkollegen.

Was ihm aber an diesem Tag nicht aus dem Kopf gehen wollte, war das Verhalten von Jenny Lind. Nachdem er noch einen kurzen Besuch bei Jacob Grimm gemacht hatte, mußte er wieder an seine große, aber niemals erwiderte Liebe denken. Man liest in seinem Tagebuch: »Nichts von Jenny gehört. Ich fühlte mich gekränkt und wehmütig. Sie ist in Berlin nicht wie eine Schwester zu mir gewesen. Wenn ich sie hier hätte fördern sollen, hätte sie das mir doch nur zu sagen brauchen. Und ich hätte es getan! – Sie hat meine Brust angefüllt – ich liebe sie nicht mehr! Sie hat in Berlin das kranke Fleisch mit einem kalten Messer herausgeschnitten! – Welche Gedanken erfüllen sie nur, seitdem sie so wenig Notiz von mir nimmt? Von mir, der ich doch hauptsächlich ihretwegen nach Berlin gekommen bin, der doch einen ganz anderen und frohen Heiligabend hätte verbringen können! – Ich lebte für sie in Kopenhagen. Was habe ich dafür? Viel habe ich gegeben. Und das für jemanden, den die Welt als edelsten und besten Menschen nennt!

Jetzt ist Heiligabend! Wie glücklich das Heim, in dem der Mann einen Herd hat! – Nun ist der Weihnachtsbaum angezündet. Die Ehefrau steht mit dem jüngsten Kind auf dem Arm da. Das streckt die Hände den vielen Kerzen entgegen und hüpft hoch vor Freude auf dem Arm der Mutter. Die anderen Kinder jubeln und schauen nach, was sie wohl bekommen haben. Und ein Kreis von Freunden sitzt dort. – Der Fremde draußen.

Sein Weihnachtsbaum ist der Sternenhimmel. Die Bilder: neue Städte, neue Gesichter. Er fliegt vondannen! – Unter Gottes Weihnachtsbaum erhebe ich mein Haupt und sage: Vater, was gibst du mir? – Und vielleicht bekomme ich einen Sarg …«[70]

Ein trauriges Weihnachtsfest, das Andersen in Berlin erlebt. Das so ganz die tragische Seite im Wesen des zu diesem Zeitpunkt vierzigjährigen Dichters offenlegt, eines Mannes, der bereits in vielen Ländern Europas einen respektablen Bekanntheitsgrad besitzt, hochgelobt und bewundert wird. Voller Ideen und geistiger Schaffenskraft, und dem doch etwas Wesentliches fehlt: eine geliebte Frau und eine harmonische Familie.

In dieser depressiven Stimmung zwang sich Andersen zu etwas Zerstreuung. Er macht kurz entschlossen einen Besuch bei Frau Johanne Zimmermann, einer guten Bekannten. Und da war allerhand los. Er traf dort eine ihm bekannte Hofdame der Prinzessin von Preußen, einen Komponisten und einen Maler. Zwei Engel standen mit Fahnen um den Weihnachtsbaum. Und er bekam sogar Weihnachtsgeschenke: ein schön eingebundenes Buch zum Hineinschreiben und einen Lampenschirm! Dann hörte er die Damen singen. Und er entschloß sich schließlich auf Bitten der Gastgeberin einige seiner Märchen zu lesen.

Abends gegen elf Uhr war er wieder in seinem Hotel, wo schon alles schlief. Müde legte er sich ins Bett. Der Besuch bei Frau Zimmermann hatte ihm etwas von seiner Schwermut genommen.

DER ERSTE WEIHNACHTSTAG

Doch kaum war Andersen am nächsten Tag aufgewacht, waren alle bedrückenden Gedanken wieder zurückgekehrt. Er hatte zuerst das Gefühl, als läge ein Schleier über all dem, was ihn so bedrückt hatte. Aber je wacher er wurde, desto deutlicher merkte er, daß dieser Schleier zerfiel und seine Gedanken freigab, die zu Jenny flogen. Er begann zu grübeln und sich zu fragen, was er ihr wohl getan habe. Oder – so kam es ihm in den Sinn – nimmt sie so wenig Notiz von ihm, um nicht ihren guten Ruf zu gefährden? Absurd – das konnte es nicht sein. Und da erinnerte er sich an ein paar Worte, die sie ihm einmal gesagt hatte, als er sich auch von ihr enttäuscht fühlte: »Ich hasse Sie nicht, hatte sie gesagt, »denn ich habe Sie nie geliebt.« Das hatte er damals nicht verstanden. Aber als er jetzt noch einmal diese Worte in sein Gedächtnis zurückrief, glaubte er, sie zu verstehen. Allzu lange konnte er an diesem Weihnachtsmorgen seinen bedrückenden Gedanken nicht nachgehen; denn es klopfte wieder einmal an der Tür seines Hotelzimmers. Und zu ihm kam »der junge Ulrich«, ein jüngerer Mann aus seinem Berliner Bekanntenkreis. Nachdem sich die beiden eine Zeitlang unterhalten hatten, und der Besuch ihm ein frohes Weihnachtsfest gewünscht hatte, fuhr Andersen zu Julius Reucher.

Auch den Bildhauer Christian Daniel Rauch suchte er an diesem Ersten Weihnachtstag auf. Aber allzulange ist er wohl nicht bei ihm geblieben; denn er schreibt in seinem Tagebuch, in dem er kurz seinen Besuch bei Rauch erwähnt »leicht angegriffen von der rauhen Luft.« Diese »rauhe Luft« war sicherlich ein scharfer Ostwind, der zu dieser Jahreszeit kein unbekannter Gast in Berlin ist.

Jetzt schien aber seine Schwermut vom Heiligen Abend von ihm gewichen zu sein; denn er hatte endlich ein Zeichen von Jenny Lind erhalten, einen Brief, der ihn zu der kurzen Notiz in seinem Tagebuch veranlaßt: »Sie ist sehr lieb.«

Zum Mittag war Andersen bei Professor Weiß eingeladen, wo er immer sehr geehrt wurde, und wo Frau Weiß ihm »andauernd die Hand tätschelte.« Abends besuchte er noch den Grafen Bismarck-Bohlen, las dort zwei Märchen und konnte sich mit dem ebenfalls dort anwesenden Wilhelm Grimm unterhalten, dessen Persönlichkeit Andersen sehr gefiel, und der sich sehr lobend über Andersens Märchen *Der Tannenbaum* aussprach. Auch den schwedischen Gesandten Freiherrn Abraham Constantin d'Ohsson konnte Andersen an jenem Abend bei dem Grafen Bismarck-Bohlen begrüßen.

So schienen an diesem Ersten Weihnachtstag die dunklen Wolken verzogen zu sein. Und er konnte ruhig wieder in sein Hotel fahren und bald zu Bett gehen. Denn am nächsten Tag sollte er Jenny Lind endlich wiedersehen.

AN DER TAFEL DES KÖNIGS IM BERLINER SCHLOSS

Kaum hatte Andersen am Morgen des 26. Dezember die Augen aufgetan, kam sie ihm gleich wieder in den Sinn. Er beeilte sich mit dem Frühstück und machte sich dann auf den Weg zum Feilnerschen Haus. Sein Herz pochte stark, als er die geliebte junge Frau wiedersah. Sie führte ihn sofort in ihr Zimmer, wo ein schöner Weihnachtsbaum stand und ein paar Geschenke für ihn lagen.

»Verehrte mir Seife in Form eines Stücks Käse und Eau de Cologne. War so gütig, tätschelte mich, nannte mich ein Kind«, heißt es in seinem Tagebuch. Andersen war glücklich. Er hatte

Das Berliner Stadtschloß. Stahlstich von Finden, nach einer Zeichnung von Klose. (Nach S. H. Spiker: Berlin und seine Umgebung im 19. Jahrhundert, Berlin 1832).
Foto: Hans-Christian Barüske

sie wieder gesehen. Und sie war lieb zu ihm – wie eine Schwester. Gemeinsam fuhren sie nun zu Frau Charlotte Birch-Pfeiffer (1800–1867), einer Dramatikerin und Schauspielerin. Sie war in Stuttgart geboren, hatte später die Leitung des Züricher Schauspielhauses übernommen, war dann aber nach Berlin übergesiedelt, wo sie seit 1844 im zweiten Stock des Hauses Krausenstraße Nr. 70, Ecke Friedrichstraße, wohnte.

Unterwegs erzählte Jenny Lind ihm, daß diese, am Königlichen Schauspielhaus engagierte und bei den Berlinern äußerst beliebte Künstlerin wie eine Mutter zu ihr sei. Und sie erzählte weiter, daß sie wohl nie mehr nach Schweden zurückkehren werde, weil die Verhältnisse dort so schrecklich seien. Sie sagte, daß sie sich in Deutschland so wohl fühle und wahrscheinlich später in Hamburg wohnen wolle. Angekommen bei Frau Birch-Pfeiffer, stellte Jenny Lind Andersen ihrer Freundin vor. Und sie sagte ihr, daß er ein so guter Mensch sei und für sie wie ein Bruder wäre. Kurz bevor sich Andersen von Frau Birch-Pfeiffer verabschiedete, mußte er noch zu seinem Bedauern feststellen, daß sie nicht das geringste von seinen Büchern kannte.

Wieder in seinem Hotel angekommen, fand er dort die Einladung des Königs zu einem Diner im Stadtschloß[71] und mußte deshalb Rauch absagen, wo er zum Essen eingeladen war. Und nun bereitete sich Andersen für diesen ehrenvollen Empfang vor und wurde um drei Uhr von einem Diener mit einer Kutsche abgeholt.

Das Berliner Stadtschloß, das markanteste Bauwerk der Stadt und ihr bedeutendster historischer und politischer Mittelpunkt, war aus einer Burg entstanden, die auf Befehl des Kurfürsten Friedrich II. 1442 an der Spree errichtet wurde. Durch An- und Ausbauten wurde die Burg dann später das Berliner Schloß, das sich durch erhabene Großartigkeit und einfache Pracht auszeichnete. Dieses historische Bauwerk betrat Andersen nun zum erstenmal. Dort angekommen, wurde er vom Kammerherrn Hofmarschall von Meyerinck empfangen, der ihn zum König und der Königin geleitete. Der König empfing den dänischen Dichter »höchst gnädig«. Und er erzählte ihm, daß er während seines letzten Besuchs in Kopenhagen nach ihm gefragt hätte und erfahren habe, daß er verreist sei.

König und Dichter unterhielten sich dann über den Roman *Nur ein Geiger*. Und der König sagte ihm, daß er, nachdem er das Buch gelesen hatte, immer an den armen Christian denken mußte, wenn er einen Storch sah. Und er fügte hinzu, daß die Episode mit dem Storch ihn tief gerührt habe. Auch Königin Elisabeth, die Gemahlin Friedrich Wilhelms, unterhielt sich mit ihrem dänischen Gast lange und sprach herzlich von den dänischen Majestäten, König Christian VIII. und Königin Caroline Amalie. Bei der Tafel saß Andersen zwischen dem Hofmarschall und Alexander von Humboldt. Andersen erfuhr, daß König Friedrich Wilhelm seine Märchen noch nicht gelesen hatte, worauf er versprach, ihm am nächsten Tag diese zuzuschicken. Das konnten ja nur die deutschen Ausgaben der im M. Simion Verlag erschienenen Märchenbücher sein. Als sich Andersen von der preußischen Majestät verabschiedete und für die Einladung nochmals seinen Dank aussprach, bat der König den Dichter, ihn doch wieder zu besuchen, wenn er wieder einmal nach Berlin käme.

Es war ein großer Tag für Andersen. Preußens König hatte ihn an seine Tafel gebeten. Und als er am selben Abend Fräulein Frommann besuchte, wo der Weihnachtsbaum brannte und eine große Gesellschaft sich eingefunden hatte, war Andersen dort natürlich der Mittelpunkt. Denn er hatte ja viel zu erzählen. Vom Schloß, vom König und der Königin. Und selbstverständlich las er dort auch wieder aus seinen Märchen und erfreute damit Fräulein Frommanns Gäste auf das Beste.

Anschließend konnte er noch bei Olfers hineinschauen, wo, wie er schreibt »auch der Weihnachtsbaum brannte« und er sich mit Varnhagen van Ense, den Bildhauern Rauch und Tieck, dem Bruder des Dichters, unterhalten konnte. Und natürlich lauschten sie gespannt seinem Bericht vom Besuch beim König im Berliner Stadtschloß.

Am nächsten Tag regnete es in Strömen. Da konnte Andersen so manches nachholen, was er wegen seiner vielen Besuche versäumt hatte. Er schrieb eine Vielzahl an Briefen und machte vor allem eine kleine Büchersendung mit seinen Märchen an den König fertig. Das Wetter wurde immer schlimmer. Draußen machte sich ein unangenehmer Matsch breit, so daß Andersen immer noch nicht ausgehen mochte. Schließlich wurde es gegen Abend besser. Und so konnte er endlich zu Savigny gehen, der ja am Pariser Platz nicht weit von Andersens Hotel entfernt wohnte. Dort wurde er wieder herzlich empfangen und konnte unter den vielen Gästen die Brüder Grimm begrüßen. Natürlich sollte er wieder aus seinen Märchen lesen. Aber vorher mußte er noch von seinem Besuch im Schloß erzählen, wo ihn König Friedrich Wilhelm so überaus freundlich empfangen hatte.

Wie schon erwähnt, hatte er an diesem verregneten 27. Dezember eine Menge Briefe geschrieben. Und er hatte auch an diesem Tag in der *Preußischen Zeitung* gelesen, daß er in Berlin sei und daß er mehr Deutschland angehöre als seinem Vaterland. Über alles das schrieb er an diesem Tag auch einen Brief an seinen Freund Edvard Collin in Kopenhagen, der hier auszugsweise wiedergegeben wird: » . . . Gestern war ich zur Tafel bei Sr. Majestät, dem König von Preußen, den ich nie zuvor gesehen hatte. Er war besonders aufmerksam gegen mich, in hohem Maße gnädig und sagte, daß mein Roman *Nur ein Geiger* einen lebhaften Eindruck auf ihn gemacht habe. Die Königin unterhielt sich lange mit mir. Und bei Tisch, wo ich beiden Majestäten ungefähr gegenüber saß, zwischen dem Hofmarschall und Alexander von Humboldt, unterhielt sich der König weiter mit mir . . . Merkwürdig ist es doch, wie bekannt ich bin und gelesen werde! Sie mögen nun zu Hause so viele unvergleichliche Poeten haben, wie sie wollen. Ich bin trotz allem derjenige, der am bekanntesten ist, und ich habe Nutzen davon.

Meine Märchen werden, wie ich wirklich glaube, als ein kleines Meisterwerk in unsere Literatur eingehen. Diese Weihnachten sind meine Märchen über ganz Berlin hinweggeflattert, überall sehe ich sie liegen. – Ich freue mich sehr über dergleichen und wünsche, ich könnte meinen Lieben daheim an den Hals fliegen und sagen: ›Ich mache Euch doch Ehre . . . Ich freue mich, wenn Rauch mir um den Hals fällt und sagt: ›Ihre Märchen sind unsterblich!‹ . . . Ich könnte weinen. Ich kann es selbst nicht begreifen! Oft denke ich – ist es ein Traum? Oh, mein geliebter, geliebter Edvard, könnte ich Gott an mein Herz drükken, ich täte es, so dankbar bin ich ihm.   Der Bruder.«[72]

Friedrich Wilhelm IV.
Aus: Kaiser Friedrich Gedächtniswerk. Verlag von Paul Kittel,
Historischer Verlag in Berlin, 1901

Die Einladung König Friedrich Wilhelms IV. hatte Andersen
noch selbstbewußter und dankbarer gemacht. Aber das war
noch nicht das Ende der Anerkennungen seiner hohen dichterischen Qualifikation. Berlin sollte ihm an einem der nächsten
Tage noch mehr schenken.

Obwohl das Wetter immer noch schlecht war, hielt ihn
nichts mehr im Hotel. Man schrieb den 28. Dezember, an diesem Tag hatte er für 11 Uhr eine Einladung bei der Prinzessin
von Preußen. Sie war die Gattin des preußischen Prinzen Wilhelm, eines Bruders von Friedrich Wilhelm IV. und Schwester
des Erbgroßherzogs Carl Alexander von Sachsen-Weimar-Eisen-

ach, der ein Freund von Andersen war. Bei ihr angekommen, unterhielt sich die Prinzessin mit Andersen über Thorvaldsen. Die Prinzessin kannte seine Schrift über den großen dänischen Bildhauer, der im vorangegangenen Jahr gestorben war, und die ihr in deutscher Sprache vorlag. Während ihrer Unterhaltung kam auch ihr Sohn Friedrich, der spätere deutsche Kaiser Friedrich, der nur 99 Tage regierte. Er brachte Andersen ein Buch und bat ihn, seinen Namen hinineinzuschreiben. Andersen tat es und fügte in deutscher Sprache hinzu: »Gott segne die edlen Herzen.« Natürlich mußte Andersen bei der Prinzessin wieder aus seinen Märchen lesen. Er wählte dafür den *Tannenbaum* und *Das Häßliche Entlein.* Und die Prinzessin schien entzückt zu sein, wie Andersen schreibt. Als er sich von ihr verabschiedete, sagte sie zu ihm: »Ja, wir müssen uns noch einmal sehen, bevor Sie abreisen.«

Draußen regnete es noch immer. Andersen hatte seinen Regenschirm mit einem anderen verwechselt und fragte nun überall, wo er gewesen war nach seinem und fand ihn schließlich bei Zimmermanns. Der Abend war wieder einmal mit Besuchen ausgefüllt. Und zu seiner großen Freude traf er bei Professor Weiß die beiden Söhne und zwei Töchter von Chamisso.

Kurz vor dem Jahreswechsel mußte er noch einem Maler für ein Porträt sitzen, das sein Berliner Verleger Moses Simion für eine Gesamtausgabe seiner Werke haben wollte. Auch an den nächsten Tagen regnete es immer noch in Strömen. Am 30. Dezember ging Andersen in die Oper, wo Jenny Lind auftrat.

Am nächsten Morgen begab er sich wieder zu Jenny Lind. Doch sie hatte keine Zeit für ihn, und gab vor zum Ball bei dem englischen Minister Westmoreland eingeladen zu sein, was Andersen aber nicht glaubte, jedoch nicht laut sagte.

Das neue Jahr hatte begonnen. Und als er nach verschiedenen Besuchen wieder in sein Hotel kam, fand er dort ein Schreiben von Humboldt vor. Darin teilte er Andersen mit, daß ihm der König befohlen habe, ihn zu fragen, ob es ihm in Hinblick auf seine Reise »Bequem sei, nach Potsdam zu kommen«. In dem Fall würde ihn der König gern dort sehen. Man kann sich gut vorstellen, wie groß Andersens Freude über diesen Brief war. Am nächsten Tag schrieb Andersen sofort an Humboldt und bedankte sich für das Schreiben. Gleichzeitig teilte er ihm mit, daß er die Einladung zu schätzen wisse und gern komme. Und bereits am nächsten Tag fand er die Zusage für den 3. Januar vor.

An diesem Tag hatte Andersen allerdings noch mehrere Besuche zu machen. Da die Einladung beim König in Potsdam aber für den Abend galt, konnte er sein Berliner Programm tagsüber noch bewältigen. Besonders lag ihm ein Wiedersehen mit dem Dichter Ludwig Tieck am Herzen. Der hatte schon versucht, ihn zu besuchen, meinte aber, daß er im Hotel Brandenburg abgestiegen sei, wo er ihn natürlich nicht vorfand. Da Andersen Tiecks Wohnung in der Friedrichstraße Nr. 208 kannte, machte er sich bald auf den Weg dorthin. Und Tieck war hocherfreut, als er Andersen bei sich zu Hause begrüßen konnte und lud ihn sofort zum Mittag ein. Aber das mußte Andersen wohl dankend ablehnen, weil er noch eine Reihe anderer Besuche zu machen hatte.

So hatte ihn Frau Steffens eingeladen, die Witwe des bekannten Professors, der 1845 gestorben war, ferner hatte er noch Frau Savigny eine Zusage gemacht und der Prinzessin von Preußen, die ihn gebeten hatte, sie am morgigen Tag zu besuchen. Auf jeden Fall aber mußte er seinen Verleger M. Simion aufsuchen, wo er auch noch einmal Geibel traf.

Dann fuhr er abends um sieben Uhr mit der Bahn nach Potsdam.

BEIM KÖNIG IN POTSDAM

In Potsdam angekommen, suchte er sofort das Stadtschloß auf, in dem der König seine Privatgemächer hatte. Er konnte nicht sogleich ins Schloß gelangen. Die Schildwache sprach mit ihm. Vermutlich glaubten die Soldaten, daß sich der abendliche Besucher geirrt hatte. Möglich auch, daß sie ihn, dessen ausländischer Dialekt durch seine Worte klang, für einen Attentäter hielten. Aber es dauerte nicht lange, da war die Sachlage geklärt, und Andersen wurde in die königlichen Gemächer geleitet. Und bald stand er vor der preußischen Majestät und erlebte dort, wie er in seiner Autobiographie schreibt: ».. . einen Abend so reich und unvergeßlich.« Auch in seinem Tagebuch notiert er seine Eindrücke vom Abend jenes 3. Januar 1846. Es heißt dort: »Der König und die Königin sehr gnädig. Sie saßen auf dem Sofa. Humboldt und ich am selben Tisch. Zwei Hofdamen und drei Kavaliere an einem anderen. Tranken Tee. Ich las den *Tannenbaum, Das Häßliche Entlein* und *Den Schweinehirten.* Ich saß, wo Oehlenschläger gesessen hatte.«[73] Darauf hatte ihn die Königin aufmerksam gemacht und an die Einladung des großen dänischen Romantikers Adam Oehlenschläger erinnert. Das war im Mai 1844 gewesen. Da hatte ihn Friedrich Wilhelm nach Potsdam eingeladen und ihn gebeten, aus seinem Drama *Dina* vorzulesen. Eine größere Gesellschaft war damals um den König und seinen dänischen Gast versammelt. Und als man sich von den preußischen Majestäten verabschiedete, rief der König Humboldt mit kräftiger Stimme zu: »Wollen Sie als Ordenskanzler dafür sorgen, daß der Orden Pour le mérite für Wissenschaften und Künste, den Thorvaldsen getragen hat, Oehlenschläger gegeben wird. Es würde mich freuen, wenn er gerade *das* Exemplar trägt!« – Das war eine Spontanverleihung des höchsten preußischen Kulturordens.

Aber zurück zu Andersen. Der König unterhielt sich äußerst freundlich mit ihm. Er sprach von Dänemark und seiner schönen Natur, die ihn sehr entzückt hatte. Und Humboldt war ganz begeistert von Andersens Märchen und hätte gern noch mehr gehört. Aber es war schon spät. Andersen verabschiedete sich von den Majestäten und von Humboldt und bedankte sich herzlich für den schönen Abend.

Da es bereits elf Uhr nachts war, konnte Andersen nicht mehr nach Berlin zurückfahren. Er mußte die Nacht über in Potsdam bleiben. So suchte er nun den Gasthof »Der Einsiedler« auf, wo auch Oehlenschläger bei dem oben erwähnten Besuch die Nacht verbracht hatte, und legte sich müde zu Bett. Aber Schlaf konnte er nicht finden; denn die ganze Nacht über klang ein Glockenspiel in sein Zimmer. Das mußte vom nahen Turm der Garnisonkirche gekommen sein. So nahm er denn am nächsten Morgen unausgeschlafen den »zweiten Zug« und fuhr wieder zurück nach Berlin.

Dort suchte er sofort die Prinzessin von Preußen auf, die ihn bald in ihr »schönes Eckzimmer« führte, wo er den dort versammelten Gästen seine Märchen vorlas. Später konnte er dann endlich wieder einmal ins Königsstädtische Theater gehen. Aber das Stück, das dort gespielt wurde – es war Ferdinand Raimunds *Das Mädchen aus dem Feenwald* – langweilte ihn.

Nachdem er am 5. Januar der Berliner Porträt- und Historienmalerin Caroline Bardua (1781–1864) Modell für ein Ölbild gesessen hatte, begab er sich sofort zu Jenny Lind, die, wie er schreibt, »sehr überlastet und mürrisch war.« Es heißt in seinen Aufzeichnungen weiter: »Ich war auch völlig fertig. Abschied! Wir werden uns in Weimar sehen.«

Mittags suchte er noch Ludwig Tieck auf, wo er den Historiker Friedrich Ludwig Georg von Raumer (1781–1873) traf. Raumer war Professor für Staatswissenschaft an der Berliner Universität, beschränkte sich aber meist auf geschichtliche Vorlesungen. Er veröffentlichte eine ganze Reihe historischer Schriften und brach der Entwicklung der historischen deutschen Wissenschaft Bahn, wurde allerdings später von dem jüngeren Ranke überholt. Den Abend verbrachte er bei dem Fürsten Radziwill. In seinem Tagebuch schließt er die Eintragungen vom 5. Januar 1846 mit den Sätzen ab: »Abends beim Fürsten Radziwill. Eine höchst liebenswürdige Familie. Der Fürst ging mit mir Arm in Arm in das schöne Treibhaus. Als ich nach Hause wollte (also ins Hotel, d. Verf.) hielt vor der Tür seine eigene Equipage zu meiner Verfügung.«[74]

In den letzten Berliner Tagen verlief für Andersen alles viel besser, als er es vermutet hatte. Fürst Radziwill war außerordentlich liebenswürdig zu ihm gewesen. Und an seinem letzten Tag in Berlin wurde er noch zu Prinzessin Carl gebeten, einer Tochter des Großherzogs Carl Friedrich von Sachsen-Weimar-Eisenach. Sie war mit dem preußischen Prinzen Carl verheiratet, einem Sohn Friedrich Wilhelms III. Die Prinzessin war furchtbar enttäuscht, weil sie nicht gewußt hatte, daß Andersen in Berlin war. Und sie bat ihn, ihrem Bruder, dem Erbgroßherzog Carl Alexander, Andersens Freund, zu sagen, daß sie sich sehr gefreut habe, einen Freund ihres Bruders kennengelernt zu haben. Allzulange konnte Andersen allerdings nicht bei der Prinzessin bleiben; denn ein Lakai erschien, den die Prinzessin von Preußen geschickt hatte, der sagen sollte, daß Ihre Königliche Hoheit den Dichter nicht allzulange aufhalten kann, weil er um 12 Uhr bei der Prinzessin von Preußen eingeladen sei.

Und so geschah es auch. Viele hochgestellte Berliner Persönlichkeiten waren dort zu Gast. So u. a. der Fürst von Pückler-Muskau und Prinz Carl. Drei Märchen las Andersen der lauschenden Gesellschaft vor. Die Prinzessin war wieder einmal entzückt. Und sie verehrte Andersen ein schönes Album, in dem das Palais abgebildet war. – »Das wird Sie an das Eckzimmer erinnern«, sagte sie zu ihm, »in dem Sie mir so viel Freude bereitet haben«, notierte Andersen die Worte der Prinzessin in sein Tagebuch. Und sie bat ihn, als er sich von ihr verabschiedete, sie zu besuchen, wenn er wieder einmal nach Berlin käme. Nach diesem Besuch ging er noch zu Olfers, dem Generaldirektor der Berliner Museen, um sich auch von ihm zu verabschieden.

Dieser Berliner Besuch hatte drei Wochen gedauert und ihm viel gebracht. Es war tatsächlich Andersens letzter großer Besuch in Berlin; denn die politischen Ereignisse zwischen Dänemark und Schleswig-Holstein eskalierten zum Krieg, der sich von 1848 bis in das Jahr 1850 hinzog. Und in diesen Kriegsjahren hatte sich ein preußisches Heer mit den Schleswig-Holsteinern vereinigt und den Dänen bei Schleswig am 23. April 1848 eine empfindliche Niederlage bereitet. Darauf besetzten die preußisch-schles-

Das Alte Palais Unter den Linden. Lithographie in einem
Album Andersens, geschenkt 1845 von der Prinzessin Auguste
von Preußen, der späteren Kaiserin Augusta, zur Erinnerung
an Berlin. Mit eigenhändiger Dedikation.
(Königliche Bibliothek, Kopenhagen)

wig-holsteinischen Truppen Jütland bis hinauf nach Århus.
Doch in den Kämpfen bei Nybøl und Dybbøl siegten die Dänen und befestigten ihre Stellungen. Inzwischen begannen die
Schweden zu vermitteln und erreichten einen Waffenstillstand,
der am 26. August 1848 in Kraft trat. Aber es war nur ein unsi-
cherer Waffenstillstand. Andersen aber konnte Berlin nicht
mehr besuchen. Die Preußen waren Dänemarks Feinde geworden. Trotzdem aber machte er Jahre später noch dreimal Station in Berlin. Am 1. Juli 1855, am 4. August 1856 und am
5. November 1860. Jedesmal auf der Durchreise.

Im Juli 1855 sah er zum erstenmal das große Meisterwerk seines Freundes Christian Daniel Rauch: das bronzene Reiter-
standbild Friedrichs des Großen, das am 31. Mai 1851 im Rahmen einer großen Feier auf der Straße Unter den Linden ent-
hüllt wurde. Nicht weit von Rauchs bewundernswerten Mar-
morstandbildern der Generäle Graf Bülow von Dennewitz und
Gerhard Johann David von Scharnhorst, die Schinkels Neue
Wache flankierten. Abends konnte Andersen dann wieder einmal die ihm gut vertraute Berliner Oper besuchen, wo es, wie er

schreibt, »nur ein Ballett *Esmeralda* nach Victor Hugos Roman *Notre Dame de Paris* gab.«

Während seines zweiten kurzen Aufenthalts in Berlin, am 4. August 1856, besuchte er das Neue Museum und das Ägyptische Museum. Und am 5. November 1860 stattete er Meyerbeer einen Besuch ab und sah abends in der Oper *Rigoletto*.

Danach kam Andersen niemals mehr nach Berlin.

ANDERSEN WIRD RITTER DES ROTEN ADLERORDENS

Doch zurück zum 6. Januar 1846. Als Andersen sich von Olfers verabschiedet und seine Post an Jonas und Edvard Collin und einige seiner Freunde besorgt hatte, besuchte er Frau Zimmermann, die ihn zum Mittag eingeladen hatte. Zurückgekehrt in sein Hotel, brachte er sein Gepäck für die Weiterreise am nächsten Tag in Ordnung. Während er noch überlegte, wo dieses und jenes am besten zu verstauen sei, klopfte es an der Tür.

Und es trat ein Bote des Königs in sein Zimmer, der ihm einen Umschlag überreichte. Kaum hatte der Bote das Zimmer verlassen, als Andersen den Umschlag auch schon öffnete und seinen Augen kaum trauen wollte. Der König hatte ihm den Roten Adlerorden dritter Klasse verliehen. Unter dem Datum des 6. Januar 1846 war Andersen zum Ritter des Roten Adlerordens ernannt worden. Er hatte an diesem Tag in Berlin den ersten Orden seines Lebens erhalten. Wonach er sich schon so lange gesehnt hatte, endlich einen Orden anlegen zu dürfen, jetzt konnte er sich damit schmücken. Es war zwar nicht der Orden seines Vaterlandes, der Dannebrogorden, den er seiner Meinung nach schon längst hätte bekommen müssen. Aber es war ein Ritterkreuz des Königreichs Preußen, eines bedeutenden europäischen Staates. Der Preußenkönig war dem dänischen König zuvorgekommen. Diesen Orden hatte der große Thorvaldsen bereits 1825 bekommen. Und das will etwas sagen!

Nun könnte man annehmen, daß es sich bei der dritten Klasse dieses Ordens um einen untergeordneten Grad handele. Aber dem ist nicht so. Die Klassenbezeichnung kann man nicht mit einer heutigen Ordensordnung vergleichen. Die dritte Klasse, die Friedrich Wilhelm III. eingeführt hatte, war ein Ritterkreuz und entsprach mindestens der Ersten Klasse eines heutigen deutschen Bundesverdienstkreuzes. Zudem hatte der Orden eine alte Tradition. Gestiftet war er bereits 1705 von Erbprinz Georg Wilhelm von Brandenburg-Bayreuth als Ein-Klasse-Orden. Und

Der Rote Adlerorden III. Klasse

als dieses Land unter die preußische Krone kam, erhielt der Orden seinen späteren Namen. Andersens Freude war unbeschreiblich groß. Er eilte nun zu Savigny, um ihm das Ereignis mitzuteilen. Savigny gratulierte ihm aufs herzlichste und freute sich mit ihm. Dann suchte er wieder Frau Zimmermann auf, wo eine größere Gesellschaft versammelt war, die auf sein Wohl trank, auf das Wohl des Märchenkönigs, wie Andersen es uns in seinem Tagebuch mitteilt. Eigentlich wollte Andersen am nächsten Tag bereits mit dem ersten Zug Berlin verlassen. Da er sich aber nicht ganz wohl fühlte, nahm er den zweiten und kam nach mehrfachem Umsteigen am nächsten Tag in Weimar an. Dort wurde er von seinem Freund, dem Erbgroßherzog empfangen, der ihm förmlich entgegenflog und sagte, indem er ihm die Hände drückte: »Oh, mein Freund, ich habe nach Ihnen

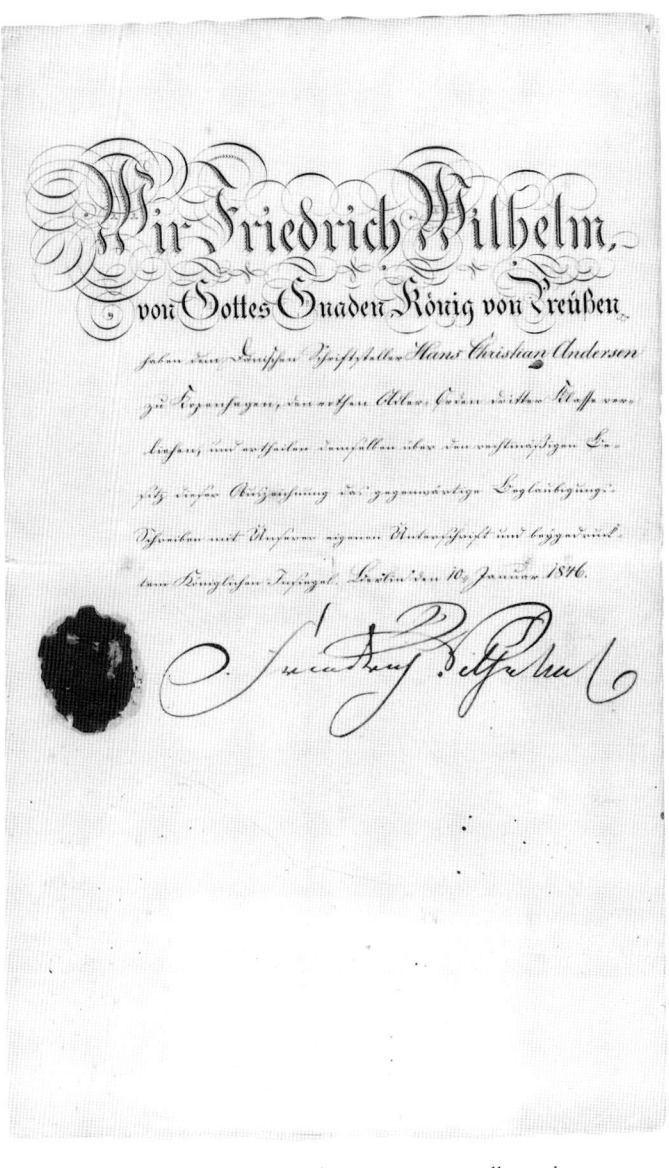

Die Verleihungsurkunde zum Roten Adlerorden.
Ausgestellt am 10. Januar 1846, mit persönlicher Unterschrift
des preußischen Königs Friedrich Wilhelm IV.
(Odense Bys Museer)

Sehnsucht gehabt!« Andersen war wieder einmal im Glück, auch Jenny Lind sollte er bald wiedersehen.

Selbstverständlich teilte Andersen die Ordenverleihung auch bald seinen Lieben daheim mit, die ihn natürlich brieflich beglückwünschten. Von diesen Schreiben sei hier nur der Brief von Hans Christian Ørsted in kürze wiedergegeben, da er auch Andersen die Hoffnung brachte, den Orden seines Vaterlandes bald zu bekommen: Das Ritterkreuz des Dannebrogordens.

In einem Brief vom 14. Februar 1846 schreibt Ørsted u. a. folgendes: »... Zu der Auszeichnung, die Sie vom preußischen König erhalten haben, beglückwünsche ich Sie aufs herzlichste. Ich würde mich freuen, wenn ich höre, daß Sie noch von anderen Stellen mehrere bekommen. Falls ich Gelegenheit habe, daran zu erinnern, daß man Sie allzu lange in dieser Beziehung vergessen hat, will ich sehr gern die Sache zur Sprache bringen und glaube, daß ich damit meinem Vaterland einen Dienst erwiesen habe ... Leben Sie wohl, und lassen Sie uns öfter von Ihnen hören.

Stets Ihr
H. C. Ørsted«[75]

Ørsted hatte Gelegenheit, an maßgeblicher Stelle darauf hinzuweisen. Erfolgreich. Denn am 18. September 1846 verlieh der dänische König Christian VIII. Andersen das Ritterkreuz des Dannebrogordens. Das aber sollte nicht sein letzter Orden bleiben. Bis zu seinem Tod am 4. August 1875 hatte Andersen elf Orden aus Dänemark und dem Ausland bekommen. Darunter allein fünf Kommandeurkreuze und den bayerischen Maximilianorden für Kunst und Wissenschaft. Berlin aber hatte wieder einmal den Anfang gemacht.

Mit seinen elf Orden war Andersen eine der höchst dekorierten Kulturpersönlichkeiten Dänemarks. Die meisten Orden waren dem Bildhauer Bertel Thorvaldsen verliehen worden – insgesamt sechszehn.

Aber es waren nicht nur Orden, die Andersen von seinem Vaterland erhielt. Im Lauf der Jahre war sein Dichtergehalt gut angestiegen. Und man ehrte ihn auch mit Titeln. So bekam er 1851 den Titel »Professor«, 1867 ernannte ihn die Stadt Odense zu ihrem Ehrenbürger, und im selben Jahr wurde er außerdem Etatsrat.

NACHKLANG

Nach der Rückkehr von der großen Reise der Jahre 1845/46, begab sich Andersen nach England und Schottland und später in viele andere Länder. Sogar nach Nordafrika kam er. Eine Einladung in die Vereinigten Staaten von Nordamerika lehnte er ab. Aus Altersgründen. Insgesamt machte er 29 Auslandsreisen, von denen manche viele Monate dauerten. Erstaunlich, daß er trotzdem so viel schreiben konnte. Im ganzen 150 Märchen, von denen einzelne in annähernd 100 Sprachen übersetzt wurden. Daneben viele Gedichte, mehrere große Reisebücher, viele dramatische Arbeiten und sechs Romane.

Andersen ist bis in unsere Tage Dänemarks bekanntester Dichter. Seine Märchen werden noch lange, dank ihrer dichterischen Schönheit, ihrer Tiefgründigkeit und Verständlichkeit viele Menschen, junge und alte, erfreuen.

In keinem anderen Land hatte er schon in früher Zeit eine so großartige Akzeptanz wie in Deutschland. In Berlin entwickelte sich diese Akzeptanz trotz der relativ kurzen Aufenthalte zu ihrem Höhepunkt. Dort machte Chamisso ihn zum erstenmal außerhalb der dänischen Grenzen bekannt, in Berlin erhielt er den ersten Orden seines Lebens, dort lernte er Deutschlands bekannteste Kulturpersönlichkeiten kennen, in Berlin erlebte er zum erstenmal kulturtechnische Neuheiten wie das von ihm so hochgepriesene Diorama von Karl Wilhelm Gropius. Aber auch seine Museumsbesuche in Berlin dürfen in diesem Zusammenhang nicht vergessen werden. Und schon gar nicht seine Opern- und Theaterbesuche, die er stets auch wichtigsten Einladungen vorzog. Was aber nicht übersehen werden darf, ist die Tatsache, daß ihm in Berlin durch die vielen Anerkennungen, ausgesprochen durch bedeutende Kulturpersönlichkeiten, das Selbstbewußtsein in hohem Maße gestärkt wurde. Das war im psychologischen Sinn ein Schutzschild gegen die negativen Kritiken in seiner Heimat, die ihn des öfteren hart zusetzten.

Nach einem reichen Leben starb Hans Christian Andersen im August 1875, einige Monate nach seinem siebzigsten Geburtstag. Er erhielt ein Staatsbegräbnis, das in der Frauenkirche, Kopenhagens Domkirche, unter Teilnahme des Königshauses, einen ungeahnten Höhepunkt erreichte. Tausende von Kopenhagener Bürger folgten seinem Sarg zu seiner letzten Ruhestätte auf dem Assistens-Friedhof der dänischen Hauptstadt.

ANMERKUNGEN

Zur dänischen Orthographie. Die moderne dänische Orthographie besitzt mehrere spezielle Buchstaben: æ, Æ (ä, Ä); ø, Ø (ö, Ö) und å, Å (O-Laut). Das y entspricht dem deutschen ü, das v dem deutschen w. Seit der dänischen Rechtschreibreform von 1948 wurde die Kleinschreibung eingeführt, mit Ausnahme von Namen. Ferner einige orthographische Vereinfachungen, wie aa und Aa zu å und Å. Im Text dieses Buches werden die dänischen Wörter nach der neuen Orthographie wiedergegeben. Mit Ausnahme der Wörter und Namen, die vor 1948 gebraucht wurden.

Die hier folgenden Kürzel stehen für die Quellenangabe der im Text angeführten Werke, Briefe etc. Quellennachweise von zitierten Passagen, deren Herkunft erkennbar ist, wurden in den Anmerkungen nicht mitgenommen. Dasselbe gilt auch für kürzere zitierte Sätze. Alle dänischen Quellen wurden vom Autor ins Deutsche übertragen. Steht im Text »Andersens Autobiographie«, ist stets »Mit Livs Eventyr« (Das Märchen meines Lebens) gemeint.

HCA	Hans Christian Andersen.
B&B	C. St. Bille og Nikolaj Bøgh: Breve til Hans Christian Andersen. I. Kjøbenhavn 1877. – Breve fra Hans Christian Andersen. II. Kjøbenhavn 1878.
HCAT	Heinz Barüske (Hrsg. u. Übers.): Aus Andersens Tagebüchern. 1 u. 2. Frankfurt/Main 1980.
HCAT (dän.)	H. C. Andersens Dagbøger. I–XII. København 1971–76.
HCAW	HCA og Henriette Wulff. En brevveksling. Udgivet af H. Topsøe-Jensen. I.–III. Odense 1959–60.
HITZ	J. E. Hitzig (Hrsg.): Leben und Briefe von Adelbert von Chamisso. 2 Bde. Leipzig 1839.
MBTD	HCA: Das Märchen meines Lebens, Briefe, Tagebücher. Darmstadt 1961.
MLE	HCA: Mit Livs Eventyr. 1.–2. Kiøbenhavn 1975. (Neue Ausgabe).
WOEL	CAI M. Woel: HCA's Liv og Digtning. I–II. København 1949/50.
SKB	HCA: Skyggebilleder af en Reise til Harzen. København 1931. (Neue Ausgabe).

TABC   H. Topsøe-Jensen: HCA's Brevveksling med Jonas Collin den Ældre … 123–46. I–III. København 1945–48.

[1] F. J. Billeskov Jansen in: Dänische Rundschau. Sonderausgabe H. C. Ørsted. Hrsg. v. Kgl. Auswertigen Amt. Kopenhagen 1977, S.19.

[2] MLE, 1, 40.

[3] MBTD, 590–591. Brief vom 18.1.1831.

[4] HCAT, 1, 75.

[5] SKB, 14, f.

[6] HCAT, 1, 76. Mit R. meinte HCA Riborg Voigt, mit L. seine mütterliche Freundin Signe Læssøe.

[7] SKB, 90.

[8] SKB, 90 f.

[9] SKB, 92.

[10] HCAT (dän.), I, 105.

[11] HCAT, 1, 106.

[12] SKB, 120–121.

[13] HCAT, 1, 106.

[14] SKB, 120–121.

[15] HCAT, 1, 108.

[16] HCAT, siehe dazu: Einleitung, S. 19 ff.

[17] HCAT, 1, 108.

[18] Chamisso hatte dänisch von seinem dänischen Assistenten während seiner Weltreise auf der »Rurik« gelernt.

[19] Chamisso: Reise um die Welt … München 1986, S. 112.

[20] Ebd., 114.

[21] HCAT, 1, 107.

[22] MLE, 1, 112.

[23] HCAT, 1, 107

[24] Ebd., 108–109.

[25] Ebd., 109–110.

[26] Ebd., 110.

[27] SKB, 128.

[28] Ebd., 128.

[29] Ebd., 132.

[30] Ebd., 132.

[31] Ebd., 132 f.

[32] Neben der hier zitierten Volkshymne, gibt es in Dänemark noch die Königshymne »Kong Christian stod ved højen mast.«.

[33] MLE, 1, 31–32.

[34] HITZ, 209–211. Der Roman *Der Improvisator* war 1835 erschienen.

[35] HITZ, 211.

[36] WOEL, I, 326.

[37] HCAT, 1, 210–211.

[38] MLE, 1, 123.

[39] MLE, 1, 128–129.

[40] HCAT (dän.), I, 495–496.

[41] S. H. Spiker: Berlin und seine Umgebung. Berlin 1832. S. 47.

[42] Ebd., Fußnote zu obiger Seite.

[43] HCAT, 1, 267.

[44] HCAT, 267–268.

[45] HCAW, 1, 190 – 194 (gekürzt).

[46] Ole Jacobsen: HCA-Romaner og Rejseskildringer. Bd. III. Kun en Spillemand. København 1944. S. XXIX (Indledning).

[47] HCAT (dän.), II, 27.

[48] MLE, 1, 209.

[49] WOEL, II, 117.

[50] MBTD, 665.

[51] TABC, I, 246–247.

[52] Zitiert nach: H. C. Andersens Sämtliche Märchen. 2. vermehrte Aufl. Leipzig 1850, 95 ff.

[53] MLE, 1, 338–340

[54] HCAT, 2, 421.

[55] HCAT, 2, 419.

[56] MLE, 1, 309.

[57] Ebd. 309.

[58] Ebd. 310.

[59] MLE, 1, 310–311.

[60] Ebd., 311.

[61] Ebd., 311–312.

[62] HCAT, 2, 421.

[63] MBTD, 676.

[64] HCAT, 2, 445. Und MLE, 1, 342–343.

[65] MLE, 1, 338.

[66] HCAT, 2, 445–446.

[67] Ebd., 446.

[68] Ebd., 446.

[69] Nach HCAT, 2, 447.

[70] HCAT, 2, 447–448.

[71] Die Bezeichnung »Stadtschloß« ist zwar neueren Datums, wird hier aber wegen klarer Lokalisierung gebraucht.

[72] Zitiert nach MBTD, 678.

[73] HCAT, 2, 454.

[74] HCAT, 2, 454–455.

[75] B&B, I, 589.

ZEITTAFEL

1805 HCA wird am 2. April in Odense auf der Insel Fünen geboren.

1816 HCAs Vater stirbt.

1819 Nachdem der kleine HCA zwei Armenschulen besucht hat, reist er nach seiner Konfirmation nach Kopenhagen und versucht dort Schauspieler zu werden.

1822 Gibt sein erstes Buch *Ungdoms Forsøg* unter dem Pseudonym Villiam Christian Walter heraus. Gefördert von dem jüdischen Etatsrat Jonas Collin, Direktionsmitglied am Königlichen Theater, bekommt HCA die Möglichkeit einer soliden Schulausbildung

1828 HCA macht in Kopenhagen das Abitur.

1829 HCA gibt sein erstes Buch unter seinem Namen heraus *Fodreise fra Holmens Canal til Østpynten af Amager (Fußreise vom Holmens Kanal bis zur Ostspitze von Amager)*. Es ist sein eigentliches Debüt und wurde in der 1. Auflage vom Verfasser selbst herausgegeben.

1830 HCA begibt sich auf seine erste Dänemark-Reise.

1831 HCAs erste Auslandsreise geht nach Deutschland, wo er u. a. den Harz und Dresden besucht, und dort die Bekanntschaft mit Tieck macht: In Berlin trifft er am 11. Juni 1831 ein. Hier trifft er Chamisso. Dieser übersetzt einige Gedichte von ihm, veröffentlicht sie im »Morgenblatt für gebildete Stände« und macht Andersen damit zum erstenmal außerhalb Dänemarks Grenzen bekannt. Er legt zugleich den Grundstein zu Andersens späteren Weltruhm.

1833 HCA tritt eine 2jährige Bildungsreise an, die ihn nach Fankreich, Schweiz, Deutschland, Österreich und Italien führt. Die Reise wurde ihm durch ein Stipendium für 2 Jahre ermöglicht. Seine Mutter stirbt.

1835 Andersen gibt seinen ersten Roman *Improvisatoren (Der Improvisator)* heraus. Im selben Jahr erscheinen das erste und zweite Heft seiner *Eventyr fortalte for Børn (Märchen, erzählt für Kinder)*, mit u. a. *Das Feuerzeug* und *Die Prinzessin auf der Erbse*.

1837 HCAs zweiter Roman *Kun en Spillemand (Nur ein Geiger)* erscheint und hat besonders in Deutschland großen Erfolg. Schwedenreise vom 22. Juni–17. Juli 1837.

1838 HCA erhält von nun ab einen jährlichen Dichterlohn.

1840 HCA tritt eine weitere große Auslandsreise an, die ihn nach Rom, Athen, Konstantinopel führt, und zurück nach Wien führt.

1841 Rückkehr nach Kopenhagen.

1842 HCAs zweites Reisebuch *En Digters Bazar (Eines Dichters Basar)* erscheint.

1843 HCA reist nach Paris. Im September begegnet er in Kopenhagen der schwedischen Sängerin Jenny Lind (1820–1887) in die er sich heftig verliebt. Er macht ihr einen Heiratsantrag, der von der Sängerin abgelehnt wird. Sie bleibt aber fortan seine »schwesterliche« Freundin.

1844 HCA besucht Weimar, wo eine herzliche Freundschaft mit dem Erbgroßherzog und späteren Großherzog Carl Alexander beginnt. In Berlin besucht er Jacob Grimm. Weitere Besuche u. a. bei Meyerbeer, Steffens, Schelling, A. v. Humboldt, Savigny und B. v. Arnim. Ankunft auf der Insel Föhr am 29. August auf Einladung des dänischen Königs Christian VIII., der dort seinen Sommerurlaub verbringt. Thorvaldsen gestorben.

1845 Triumphreise in Deutschland und Österreich. 18. Dezember Ankunft in Berlin. Am 26. Dezember zur Tafel bei König Friedrich Wilhelm IV. im Schloß eingeladen. Der König zeigt sich stark beeindruckt von HCAs Roman *Nur ein Geiger*.

1846 3. Januar: HCA wird von König Friedrich Wilhelm nach Potsdam ins Stadtschloß eingeladen. Dort liest er dem preußischen König und seiner Gemahlin in Anwesenheit von A. v. Humboldt die Märchen vor. Am 6. Januar wird HCA vom preußischen König der Rote Adlerorden 3. Klasse verliehen. Er erhält damit den ersten Orden seines Lebens, muß aber zu seinem Kummer auf die Genehmigung des dänischen Königs zum Tragen bis August warten. Anschließend Aufenthalt in Weimar. Weiterreise nach Leipzig, Dresden, Prag, Wien. Begegnungen mit Mendelssohn, Brockhaus und Grillparzer. 31. März: Ankunft in Rom. Zusammensein mit nordischen und deutschen Künstlern und Schriftstellern. HCA sitzt dem dänischen Bildhauer Andreas Kolberg. 23. Juni: Abreise mit dem Schiff nach Marseille. Reise durch Südfrankreich und die Schweiz und zurück nach Kopenhagen, wo er am 14. Oktober eintrifft. Am 18. September verleiht der dänische König HCA das Ritterkreuz des Dannebrogordens. Deutsche Ausgabe von Gedichten: *Gedichte von H. C. Andersen*. Übersetzt von H. Zeise. Kiel 1846.

1847 HCAs erste Autobiographie erscheint bei Carl B. Lorck in Leipzig unter dem Titel *Das Märchen meines Lebens ohne Dichtung I–II* als Einführung zu den *Gesammelten Werken*, 1–38. Leipzig 1847–53. In Dänemark erscheinen *Samlede Skrifter (Gesammelte Schriften)* erst ab 1853. *Nye Eventyr*. 2. Bind, 1. Samling (Neue Märchen, 2. Bd. 1. Sammlung). Reise nach dem dänischen Herrenhof Glorup (14.–31. Mai). Von dort über Odense nach Kiel und Hamburg. Weiter nach Holland, England und Schottland. Begegnungen mit Richard Bentley (HCAs englischer Verleger) und Charles Dickens. Während der Rückreise wieder Aufenthalt in Deutschland u. a. in Weimar (7.–12. Sept.) Dramatisches Gedicht *Ahasverus*.

1848 *Nye Eventyr*, 2. Bind. 2. Samling (Neue Märchen, 2. Bd. 2. Sammlung). König Christian VIII. stirbt. Frederik VII. wird dänischer König. Am 23. März beginnt der Krieg mit den Schleswig-Holsteinern, der am 1. September mit einem Waffenstillstand unterbrochen wird. HCA erhält Ritterkreuz des Ordens vom Weißen Falken (Sachsen-Weimar-Eisenach) und Ritterkreuz des schwedischen Nordsternordens. Sommerreise nach Glorup. Roman *De to Baronesser* (Die beiden Baronessen). *Kunstens Dannevirke* (Dannewerk der Kunst), Vorspiel zum 100. Jubiläum des Königlichen Theaters. 2. Aufl. der deutschen Ausgabe der *Gesammelten Werke*.

1849 *Brylluppet ved Como Søen* (Die Hochzeit am Comer See). Oper in drei Akten. Text von HCA. Königliches Theater. *En Nat i Roskilde* (Eine Nacht in Roskilde) Vaudeville-Ulk in einem Akt. Große Schwedenreise. Audienz bei König Oskar I., Dank für Ritterkreuz zum Nordsternorden (1. Juni), Besuch bei dem schwedischen Dichter Atterbom in Uppsala. In Vadstena am Grab der Hl. Birgitta. Siegreiche Schlacht für die Dänen bei Fredericia, wo der dänische General Rye fällt. Waffenstillstand. Herbstreise nach Glorup. *Meer end Perler og Guld* (Mehr als Perlen und Gold), Märchen-Komödie. *Eventyr med 125 Illustrationer af V. Pedersen* (Märchen mit 125 Illustrationen von V. Pedersen). Besuch auf Bregentved (Dezember). Deutsche Ausgabe: *Ausgewählte Werke*. 5 Bde. Leipzig 1849.

1850 Adam Oehlenschläger stirbt. HCA schreibt Trauergesang mit Musik von Weyse. *Ole Lukøie* (Sandmännchen). Märchen-Komödie. Reisen nach Jütland und Fünen.

1851 *Fædrelandske Vers og Sange under Krigen* (Vaterländische Verse und Lieder während des Krieges). Reisebuch: *I Sverrig (In Schweden)*. Erneute Reise nach Deutschland und Böhmen. HCA erhält den Titel »Professor«.

1852 *Historier, 1. Samling* (Geschichten, 1. Sammlung). Reisen nach Weimar, Leipzig, Nürnberg und München. Audienzen bei den bayerischen Königen Maximilian II. und Ludwig I. Später nach Mailand, Schweiz, Freiburg, Heidelberg, Frankfurt. Rheintour nach Köln. *Historier, 2. Samling* (Geschichten, 2. Sammlung).

1853 *Nøkken* (Der Wassermann), Oper in einem Akt, Text v. HCA, Kgl. Theater. Die ersten Bände der dänischen Gesammelten Werke: *Samlede Skrifter* erscheinen bei C. A. Reitzel in Kopenhagen (Samlede Skrifter, I–XXXIII, 1853–1879). Deutsche Ausgabe: *Sämtliche Werke*. 1–8. Leipzig 1853.

1854   Reisen nach Deutschland, Böhmen, Österreich, Italien, Österreich, Deutschland und Wien. HCA trifft in Wien seine große Liebe, die jetzt verheiratete Jenny Lind.

1855   *En Landsbyhistorie (Eine Dorfgeschichte)*,Volksstück in 5 Akten. Reise über Hamburg und Berlin nach Dresden. *Mit Livs Eventyr (Das Märchen meines Lebens)* erscheint als 21. u. 22. Bd. I. der *Samlede Skrifter* in erweiterter Fassung (auch als Einzelausgaben) im Juli. Nach dem Besuch verschiedener deutscher Städte, trifft HCA in Zürich mit Richard Wagner zusammen, der ihn »freundlich empfing«. HCA verspricht Richard Wagner, ihm Hartmanns Trauermarsch für Thorvaldsen zu schicken.

1856   Neue Deutschlandreise (Dresden u. Maxen).

1857   Rückkehr nach Kopenhagen (3. Januar). HCA besucht Königinwitwe auf Schloß Sorgenfri. Englandreise (Juni/Juli). Gast bei Charles Dickens. Rückreise über Frankreich und Deutschland. Weihnachtsreise nach Sorø und Basnæs.

1858   *Nye Eventyr og Historier.* 1. Bd. 1. Samling (Neue Märchen und Geschichten, 1. Bd., 1. Sammlung). Ernennung zum »Dannebrogmann« (Besondere Klasse des Ritterordens vom Dannebrog). *Nye Eventyr og Historier.* 1. Bd., 2. Samling. (Neue Märchen und Geschichten). 1. Bd., 2. Sammlung. Reisen in Deutschland und in der Schweiz.

1859   *Nye Eventyr og Historier. 1. Bd.*, 3. Samling (Neue Märchen und Geschichten, 1. Bd., 3. Sammlung). Reisen in Dänemark, u. a. nach Skagen (17.–19. August). *Nye Eventyr og Historier* 1. Bd., 4. Samling (Neue Märchen und Geschichten, 1. Bd., 4. Sammlung).

1860   HCAs »Dichtergehalt« wird von 600 auf 1000 Reichstaler pro anno erhöht (9. Mai). Reisen nach Deutschland und in die Schweiz.

1861   *Nye Eventyr og Historier.* 2. Række, 1. Samling (Neue Märchen und Geschichten, 2. Reihe, 1. Sammlung). Reise mit Jonas Collin (Sohn von HCAs Freund Edvard Collin, damals Student der Zoologie) nach Deutschland und Italien. HCA wohnt mit JC in »vier eleganten Zimmern« in Rom nahe der Spanischen Treppe. Begegnung mit dem norwegischer Dichter Bjørnson. HCA zeigt JC Rom. 1. September wieder in Kopenhagen. *Nye Eventyr og Historier,* 2. Række. 2. Samling (Neue Märchen und Geschichten, 2. Reihe, 2. Sammlung). Weihnachtsreise nach Sorø und Holsteinborg.

1862   Spanienreise mit Jonas Collin. Abstecher nach Nordafrika.

1863   Reisen in Frankreich und Deutschland. Reisebuch: *I Spanien (In Spanien).* Weihnachtsreise nach Basnæs.

König Frederik VII. stirbt. Christian IX. wird dänischer König.
1864 Krieg zwischen Dänemark u. Preußen-Österreich. Die Dänen geben das Dannewerk auf. Die Deutschen erstürmen die Düppeler Schanzen. Dänemark erleidet größte Niederlage seiner Geschichte, mit großen Gebietsverlusten.
(Friede von Wien 30. Oktober 1864). HCA: »... und fühle als Däne, daß ich nun ganz und gar mit ihnen allen (den Deutschen) brechen muß.« (deutsche Ausgabe der Tagebücher vom 16. April 1864). HCA reist in diesem Unglücksjahr nicht ins Ausland.

1865 *Da Spanierne var her (Als die Spanier hier waren)*, romantisches Lustspiel. Kgl. Theater. *Ravnen (Der Rabe)*, Märchen-Oper. Text von HCA. Komponist Hartmann. Kgl. Theater. Reise nach Schweden. Empfang durch schwedischen König Karl XV. auf Ulriksdal. Bei König Christian IX. auf Schloß Fredensborg (5.–6. Nov.) *Nye Eventyr og Historier*, 2. Række, 3. Samling (Neue Märchen u. Geschichten, 2. Reihe, 3. Sammlung). Weihnachtsreise nach Sorø und verschiedenen Herrenhöfen.

1866 Reisen durch Deutschland nach Holland, Belgien, Frankreich, Spanien, Portugal. *Nye Eventyr og Historier*, 2. Række, 4. Samling (Neue Märchen und Geschichten, 2. Reihe, 4. Sammlung). Weihnachtsreise nach Basnæs und Holsteinborg.

1867 Zur Weltausstellung nach Paris. Ernennung zum Ehrenbürger von Odense. *Kjendte og glemte Digte* (Bekannte und vergessene Gedichte); *Femten Eventyr og Historier, med Illustrationer af Lorenz Frølich (Fünfzehn Märchen und Geschichten, mit Illustrationen von Lorenz Frölich).*

1869 Fest anläßlich der 50jährigen Wiederkehr von HCAs Ankunft in Kopenhagen. HCA erhält Kommandeurkreuz zum Dannebrogorden (2. Grad). Reisen in Deutschland, Böhmen, Österreich, Schweiz, Frankreich. *Tre nye Eventyr og Historier, (Drei neue Märchen und Geschichten).*

1870 Reisen in Frankreich, Belgien und Deutschland. Roman *Lykke-Peer (Glückspeter). Nye Eventyr og Historier, med Illustrationer af Lorenz Frølich. I (Neue Märchen und Geschichten mit Illustrationen von Lorenz Frölich. I).*

1871 In Schweden und Norwegen. HCA bekommt ein Angebot nach den USA zu reisen. Der Verleger Horace Scudder will Hin- und Rückreise bezahlen. HCA lehnt aus gesundheitlichen Gründen ab. *Nye Eventyr og Historier, med Illustrationer af Lorenz Frølich. II (Neue Märchen und Geschichten mit Illustrationen von Lorenz Frölich. II)*

1872 *Nye Eventyr og Historier, 3. Række, 1. Samling (Neue Märchen und Geschichten, 3. Reihe, 1. Sammlung).* Reisen in

Deutschland, Böhmen, Österreich und Italien. *Nye Eventyr og Historier*, 3. Række, 2. Samling *(Neue Märchen und Geschichten, 3. Reihe, 2. Sammlung)*. Damit erschienen Andersens letzte Märchen.

1873 Reisen in Deutschland und in der Schweiz. Letzte Auslandsreisen.

1874 HCA wird zum Konferenzrat ernannt. Kleinere Besuchsreisen in Dänemark. HCAs Kontontostand vom 30. Juni beträgt 23842 Reichstaler u. 15 Schillinge. Außerdem hatte HCA sein laufendes »Dichtergehalt« in Höhe von 1000 Reichstalern, 1000 Reichstaler Zinsen pro anno u. die ständig – trotz mangelnder Gesetzgebung – aus dem Ausland und Inland einlaufenden Honorare.

1875 HCA erhält am Vorabend seines 70. Geburtstages das Kommandeurkreuz des Dannebrogordens (1.Grad) von König Christian IX. persönlich überreicht. »Der Verein Berliner Presse« erfreut HCA zu seinem Geburtstag am 2. April mit einem »in der künstlerischen Ausstattung so wunderbaren und im Inhalt so herzlich schönen Geburtstagsglückwunsch«. HCA zieht am 12. Juni – bereits krank – in die Villa »Rolighed« der mit ihm befreundeten Melchiors, wo er am 4. August, 11.05 Uhr, an Leberkrebs stirbt. Staatsbegräbnis unter Anwesenheit König Christians IX., des Kronprinzen, hoher dänischer Würdenträger, des Diplomatischen Korps und der engsten Freunde. Verwandte hatte er nicht. Der Staatsakt fand am 11. August in der Frauenkirche, Kopenhagens Domkirche, statt. Die Beisetzung erfolgte auf dem Kopenhagener Assistens-Friedhof.

(Die in der Zeittafel angegebenen Werke von HCA wurden kursiv gesetzt)

PERSONENREGISTER

In dieser Reihe sind außerdem lieferbar:

Reinhard Wahren

LIEBER LITFASS!

Eine Begegnung mit dem Berliner Reklamekönig

Von Litfaßsäulen scheint etwas Magisches auszugehen, so zumindest für den Autor, Reinhard Wahren, der mit seinem Buch in sehr persönlicher Weise dem Erfinder des berühmten Straßenmöbels nahekommt. Doch er zeigt den »König der Reklame« nicht nur als Erfinder der Berliner Anschlagsäulen. Heute fast vergessen ist Litfaß als Vater der Stadtmagazine, als Zeitungsgründer, Buchverleger, Künstlermäzän, Autor, Schauspieler und anderes mehr.

ISBN 3-930388-14-6

hendrik Bäßler verlag · berlin
Strausberger Platz 12 · 10243 Berlin
Tel./Fax: 030/24 926 53